A INTELIGÊNCIA ARTIFICIAL

ARTIFICIAL

E O FUTURO DA EDUCAÇÃO

A INTELIGÊNCIA ARTIFICIAL
E O FUTURO DA EDUCAÇÃO

INGRID SEABRA

Publicado pela primeira vez em Português em 2021
Por Nonsuch Media Pte. Ltd.
www.nonsuchmedia.com

Título: A Inteligência Artificial e o futuro da Educação
Editor: A.P. Oliveira
Editora: A. Lee
Design de Capa: Nonsuch Media Pte. Ltd.
Execução Gráfica: Pedro Calheiros
Agradecimentos especiais: Fundação Nonsuch por tornarem este livro possível.
Copyright para a edição original Portuguesa © 2021 Nonsuch Media Ptd. Ltd.
ISBN: 978-1-954145-16-0

Aprender é uma riqueza que o acompanha ao longo da vida. Ao aprender sempre, em qualquer ambiente ou situação, é capaz de dar o melhor de si em cada oportunidade e também criar novas oportunidades.

Ingrid Seabra

ÍNDICE

INTRODUÇÃO

Após muitos anos a trabalhar no mundo empresarial, decidi seguir uma das minhas paixões e tornei-me professora. Foi uma experiência intensa desde o primeiro dia, mas tem sido gratificante a muitos níveis! Uma coisa que me surpreendeu foi como pode ser difícil para os professores nos dias de hoje, ensinarem estudantes que se distraem constantemente com as tecnologias e parecem, por isso, cada vez mais incapazes de se concentrar. O que estará a correr mal? Estou a fazer algo completamente diferente à medida que novas ondas de digitais inatos entram nestas salas de aula? Deste modo, passou-me pela cabeça que não era assim que o ensino costumava ser, de modo que tive que arranjar mecanismos para encontrar um caminho mais enriquecedor tanto para os alunos como para mim. Decidi abraçar as nossas diferenças: tentar não só ensiná-los, mas também aprender com as suas perspetivas. Definitivamente, eles procuram uma atenção mais personalizada sem nunca serem forçados a estruturas rígidas e isto levou-me a presumir que deveria estar relacionado com as novas tecnologias. Necessitei de explorar mais a fundo para compreender o que nós, educadores, temos que saber para conseguirmos encontrar soluções para os nossos desafios.

Não sei quantos de nós já estiveram nesta posição, mas posso dizer-lhes que não é fácil. Os desafios do ensino trazem constantemente novas dificuldades que muitos professores são confrontados no dia-a-dia. Senti o quanto ensinar é desafiador e por vezes frustrante, especialmente quando as crianças nos nossos dias preferem a independência associada às novas tecnologias em vez de ouvirem um professor. Curiosamente, assim que decidi uma abordagem mais individualizada, eles próprios começaram a prestar mais atenção. Esta nova mudança exigiu muita dedicação e esforço, mas fez toda a diferença no ensino, por isso, com este livro, quis analisar o impacto destas mudanças disruptivas, as razões que as originam e ao mesmo tempo refletir como será a vida de um professor no futuro.

Além disso, enquanto refletia sobre a sociedade à minha volta, era evidente o que precisava de acontecer: refletir não só sobre a educação, mas também sobre as nossas tecnologias e como elas nos mudaram como pessoas em aspetos que nem podemos imaginar. Outra reflexão é que com todos os avanços tecnológicos vem a responsabilidade, por conseguinte, os educadores precisam não só de estar conscientes, mas também preparados para prestar atenção ao avanço para um mundo cada vez mais digital, onde não existem fronteiras. O que irá acontecer aos professores? Como podemos garantir que ainda são capazes de ensinar e guiar os estudantes através destas mudanças para que os seus preciosos conhecimentos não fiquem por apreciar ou por utilizar? Como podem as escolas trabalhar para que estas mudanças ocorram de forma mais pacífica para aqueles que dedicam as suas vidas a educar os líderes de amanhã?

Os desafios do ensino trazem dificuldades diárias para muitas pessoas envolvidas no processo: desde administradores preocupados com orçamentos, professores, pais desesperados por recursos e respostas, bem como os próprios estudantes que sentem que estão a viver numa era não antes vivida.

Adicionalmente, como educadora, tenho enfrentado as mudanças da educação na sala de aula. Como resultado, tive de refletir sobre que competências e conhecimentos são necessários para poder proporcionar uma melhor instrução e manter os alunos envolvidos nas suas aulas.

Uma das questões mais difíceis que já me coloquei como educadora é como tornar a educação mais estimulante e envolvente para os estudantes. Há muitos fatores que contribuem neste processo, tais como mudanças na sociedade com meios de comunicação social tão prevalecentes ou novos métodos de ensino sobre temas como STEM (Ciência-Tecnologia-Engenharia -Matemática). Contudo, após muita reflexão, o que ficou claro foi que não se trata apenas de mudar o currículo, mas também de compreender ativamente o meu papel dentro da sala de aula, o que inclui a gestão do comportamento dos estudantes, ao mesmo tempo fornecer comentários em diferentes fases durante o seu processo de aprendizagem. Pode ser complicado porque cada pessoa tem necessidades únicas em múltiplas áreas a serem ensinadas.

Este livro nasceu das minhas questões e reflexões relativas às perspetivas de mudança na educação. Senti que uma mudança precisava de acontecer e comecei a investigar como isto afetaria tanto professores como alunos para que pudessem estar preparados para o que está para vir.

O sistema educativo não é perfeito. Na verdade, está deteriorado há muito tempo. Há tantos problemas que persistem no sistema há décadas, mas que nunca são resolvidos de forma definitiva devido a toda a burocracia e política envolvidas na mudança do status quo. Este livro explora como a inteligência artificial (IA) pode agitar este sistema fracassado para tornar as escolas mais eficazes e eficientes, ao mesmo tempo que aborda algumas destas questões de longa data que os educadores têm tido com o paradigma existente.

Adicionalmente, vamos analisar em profundidade como as pessoas já utilizam a IA nas suas salas de aula, tanto professores como alunos. Iremos explorar alguns dos benefícios e potenciais armadilhas na utilização da IA na educação. Também analisaremos algumas das tecnologias emergentes que irão moldar as nossas futuras salas de aula, incluindo a realidade aumentada e algoritmos de aprendizagem de máquinas. Creio que a educação pessoal é a chave para desbloquear o potencial da nossa próxima geração. O mundo da tecnologia continuará a evoluir a um ritmo acelerado e esta transformação pode ser sentida em todos os ângulos da sociedade, incluindo as escolas e o educador. É importante mantermo-nos a par das últimas inovações tecnológicas. Isto é especialmente verdade para aqueles que ensinam as disciplinas de informática e STEM. Sendo eu professora de uma destas disciplinas senti uma necessidade acrescida de me manter atualizada o mais depressa possível.

Estamos a viver numa época em que a tecnologia está a mudar o mundo a um ritmo exponencial. Temos visto e experimentado muitas mudanças diferentes nas últimas décadas, mas agora estamos a ser iniciados em tecnologias como a inteligência artificial, que mudarão as nossas vidas indefinidamente. A IA existe há anos, mas só recentemente começou a inquietar indústrias como a educação. Neste livro discutiremos porque é que a IA pode ser a resposta a muitos dos nossos problemas educacionais e como é que a IA pode perturbar a educação para sempre.

CAPÍTULO 1:
Inteligência Artificial (IA)

Antes de falarmos: O que é a Inteligência Artificial? Frequentemente referida como "IA", refere-se à teoria e desenvolvimento de sistemas informáticos capazes de realizar tarefas que tipicamente requerem inteligência humana, tais como perceção visual, reconhecimento da fala, tomada de decisões, e tradução entre línguas. Em geral, a aprendizagem mecânica pode ser definida como um método através do qual o software informático melhora o desempenho numa tarefa específica sem ser explicitamente programado onde as melhorias são feitas com base em exemplos de respostas corretas e as suas causas.

O termo existe, de facto, desde 1956 quando a inteligência exibida por máquinas ou software é criada de forma a permitir-lhe executar tarefas e resolver problemas, não estando apenas restringida às salas de aula. A IA está a ser utilizada numa variedade de indústrias, desde os cuidados de saúde e finanças até à educação.

O potencial da IA para modificar o nosso mundo não deve ser subestimado, pois pode mudar a forma como vemos e interagimos com a informação de forma a transformar radicalmente a sociedade.

Para que a tecnologia da IA funcione bem na vida das pessoas, precisa de soluções abrangentes para estes desafios que terão um impacto profundo não só na educação, mas na sociedade como um todo. A IA é o próximo grande salto tecnológico, mas será difícil para os humanos adaptarem-se rapidamente à IA porque não tivemos tempo suficiente para nos prepararmos.

A IA está a tomar conta do mundo. Também não estamos a falar apenas de computadores: até os telemóveis estão a tornar-se mais parecidos com os seus homólogos humanos e já vimos como podem fazer tudo, desde fazer uma reserva num restaurante até prever quem vai ganhar uma eleição.

CAPÍTULO 2:
Educação

2.1. Falhas no sistema tradicional da educação

Quais são as falhas de um sistema que é tão frequentemente criticado pela sua incapacidade de envolver os estudantes, de fornecer competências e conhecimentos do mundo real, ou de ensinar pensamento crítico? Neste capítulo vamos examinar alguns destes problemas.

A falha mais significativa dos sistemas educativos tradicionais pode ser a sua incapacidade de acompanhar as inovações tecnológicas. Talvez um dia os tablets com livros de texto possam tornar-se mais prevalentes, mas como podemos esperar que educadores que nunca foram anteriormente expostos a computadores trabalhem com telemóveis ao seu lado em salas de aula, onde todo o material de aprendizagem existe digitalmente?

O sistema educacional tem falhas porque não tem quaisquer diretrizes para alcançar o sucesso no ensino e na aprendizagem, ou mesmo uma teoria estabelecida da educação como as conhecemos hoje em dia.

Pensamos que os professores também deveriam receber mais formação para que possam melhorar o que fazem agora: ajudar as pessoas a aprender algo novo sobre a vida e melhorar a sua qualidade de vida através dos conhecimentos adquiridos a partir de livros escolares, cursos realizados fora do horário escolar, documentários vistos online, etc...

O sistema educativo tradicional tem falhas? Há muitas razões para acreditar que sim. Por um lado, tem havido um interesse crescente na aprendizagem experimental que fornece valiosas competências do mundo real e prepara as pessoas para uma força de trabalho em rápida mutação dos empregos de amanhã impulsionados pela tecnologia, mas esta ideia não pode ser alcançada sem retirar dinheiro do nosso atual paradigma educacional.

Num sistema educacional tradicional, os estudantes ficam confinados à sala de aula durante horas. Os professores falam e dão palestras enquanto os alunos ouvem ou tomam notas nas aulas, o que pode ser aborrecido. Para piorar a situação, não há colaboração entre colegas de turma, pelo que é difícil aprender uns com os outros porque cada um tem a sua própria perspetiva sobre o que pensa que deve acontecer numa situação de avaliação ou numa tarefa sobre um tópico. Além disso, os manuais escolares fornecem frequentemente informações rígidas que forçam os professores a ensinar apenas uma forma de pensar sobre algo sem explorar perspetivas diferentes, fazendo perguntas como "porque é que acham isto?" ou "alguém já tentou isto?".

O sistema educacional tradicional é moldado com falhas e muitas delas podem ser vistas através dos olhos de um professor. Em primeiro lugar, frequentemente não é dado tempo suficiente aos professores para planearem as suas aulas com antecedência, o que os leva a ter mudanças de última hora que podem ou não funcionar para as necessidades dos alunos. Segundo, não há espaço para a criatividade quando se trata de ensinar, porque tudo já foi feito antes, de modo que o se ensina torna-se muito monótono e aborrecido. Em terceiro lugar, os níveis de envolvimento dos estudantes são baixos, uma vez que eles veem mais coisas nos aparelhos eletrónicos do que em qualquer fonte de informação.

Outra falha é que os estudantes aprendem o que os seus professores querem que eles saibam, em vez de explorarem por si próprios e desenvolverem interesses fora das disciplinas escolares.

Algumas pessoas acreditam que isto leva a um crescimento intelectual limitado, sendo que a maioria das crianças só se interessam por novos temas quando atingem a idade universitária ou começam a trabalhar a tempo inteiro, após a conclusão dos seus estudos. Outro problema com a antiga forma de ensino é como encoraja o desenvolvimento de competências de liderança em vez da conformidade, o que pode levar a que os estudantes não estejam preparados para carreiras que exijam fortes interações sociais.

Por exemplo, nos Estados Unidos gasta-se uma enorme quantia em educação todos os anos, cerca de 600 mil milhões de dólares, mas nem tudo é bem utilizado. O sistema atual não consegue acompanhar a velocidade média da tecnologia e os professores nos EUA gastam onze horas por semana em trabalhos de casa. O sistema tradicional não funciona bem com a rapidez com que a tecnologia avança, e também não proporciona alternativas aos estudantes com estilos de aprendizagem diferentes.

Os professores estão a reformar-se cedo e os alunos precisam de mais educadores. À medida que a tecnologia continua a avançar, temos a responsabilidade de encontrar formas de a implementar no sistema educativo. O número médio de professores nos EUA tem vindo a diminuir constantemente nos últimos anos, com um crescimento inferior a 2% desde 2009. Não só se está a criar uma melhor experiência de aprendizagem para os estudantes, como também está a libertar-se tempo para os educadores para que possam concentrar-se no que realmente importa: o ensino e a aprender a utilizar a tecnologia para se educarem a si mesmos para continuarem a ter oportunidades.

Os algoritmos de IA mais avançados são capazes de ver um aumento no número de estudantes que estão desligados e que não prosperam na escola, isto deve-se a uma falta de tempo de ensino. O estudante médio gasta menos de 20 horas por semana em matemática e ciências combinadas. Um novo estudo revelou que os estudantes passam mais tempo a ver televisão (17 horas) ou a utilizar aparelhos eletrónicos (15 horas) do que a estudar matemática e ciências combinadas.

Estamos a dar mais tempo e atenção à educação, ao mesmo tempo que experimentamos um declínio no número de professores nos últimos anos. Isto tem sido causado em parte por um aumento da tecnologia que permite um ensino de melhor qualidade a partir de casa ou mesmo de outros países, bem como a transmissão de vídeos de conferências em sala de aula. Isto permite mais flexibilidade e pode até ser mais barato. Além disso, impulsionam as economias locais através de ligações sobre o futuro. A IA é uma solução para acompanhar o número sempre crescente de estudantes. No entanto, há também desvantagens para o declínio do número de professores tais como deixar de proporcionar uma educação prática de que os estudantes possam necessitar.

2.2. Educação com a Inteligência Artificial

A IA é um tema muito atual. Já há um grande número de pessoas que terá interagido com um sistema de IA de uma forma ou de outra. Há muitas maneiras de a IA puder ser utilizada para transformar a educação e tornar a aprendizagem mais interessante para estudantes de todo o mundo, mas nem todas elas envolvem o uso de tecnologia como os robôs!

A educação é um dos aspetos mais importantes da nossa sociedade e tem efeitos em todos os aspetos da vida, desde os cuidados de saúde ao empreendedorismo. A educação ajuda a moldar quem somos como seres humanos, o que significa que a educação precisa de mudança para se manter a par da crescente função da tecnologia. Será interessante se a IA puder inquietar a educação de uma forma que seja positiva para a sociedade.

A grande questão seria, como terá este impacto na sociedade? Isto é algo que não pode ser visto neste momento, mas não pode ser subestimado, pois pode mudar a forma como vemos e interagimos com a informação de forma a ocultar radicalmente o fosso entre aqueles que têm acesso aos recursos digitais e aqueles que não o têm.

Sabe-se que a IA pode ser programada para ensinar, mas o que evidência o impacto disto na educação? Irá tornar os professores obsoletos, ou irá criar mais empregos em torno da programação e manutenção destas máquinas? Pode também ter um efeito na forma como os estudantes aprendem. Alguns especialistas dizem que a IA no contexto educacional tem um grande potencial.

O primeiro aspeto da IA que inquieta a educação é que identifica o potencial para automatizar as tarefas e deveres dos professores. Isto pode ser visto como bom ou mau, dependendo a quem se pergunta. A automatização do ensino e da aprendizagem pode permitir que mais pessoas participem nestas atividades que as levam a empregos mais bem remunerados. Contudo, se a automatização for vista como um substituto dos professores, então haverá menos empregos disponíveis no campo da educação e isto poderá levar a um aumento das taxas de desemprego. Contudo, com a IA a assumir mais tarefas que anteriormente eram feitas por profissionais do ensino, pode dar--lhes tempo para se concentrarem noutros aspetos da educação.

O segundo aspeto que a IA pode perturbar são os sistemas educacionais sob a forma de classificação automatizada. Com mais estudantes a ter aulas de nível superior e a obter melhores notas, pode ser tempo de ultrapassar os métodos tradicionais de classificação, marcando os papéis com canetas vermelhas ou dando uma nota numérica de 0 a 20. A classificação usando um algoritmo é apenas uma forma de IA estar a mudar a educação.

O terceiro e último aspeto da IA que está a perturbar a educação sob a forma de planos de aprendizagem personalizados que são adaptados às necessidades individuais de cada estudante. Os professores não teriam de se debater com a elaboração de um plano de aula para cada tipo diferente de aluno, poderiam apenas usar um algoritmo gerado por eles. Isto deveria permitir que todos os estudantes tivessem sucesso na sala de aula.

Ninguém pode negar que a IA vai mudar a educação e perturbá--la, é apenas uma questão de saber quando lá chegarmos. Quanto mais cedo os educadores adotarem esta tecnologia nas suas salas de aula, melhor será para as gerações atuais e futuras.

Os professores da Universidade de Stanford já implementaram um sistema de inteligência artificial chamado STRAW nas suas salas de aula. O sistema foi concebido para ajudar os professores a compreender melhor as necessidades de cada aluno e fornecer feedback personalizado em conformidade com base nas suas necessidades e progresso individuais. A missão da STRAW é compreender a tecnologia atual e criar um futuro melhor através da investigação da inovação orientada pelos dados, oferecendo uma visão das ideias inovadoras dentro de uma organização para que esta tenha mais sucesso. Por exemplo, a STRAW tem uma visão de futuro: na educação, a IA oferece uma abordagem personalizada aos estudantes onde cada criança recebe conteúdos adaptados que podem ajudar a resolver desafios sociais tais como acesso desigual ou elevadas taxas de abandono escolar entre as populações devido à falta de oportunidades disponíveis com base na sua origem socioeconómica.

Está provado que, quando um estudante recebe um comentário personalizado, é mais provável que melhore um conjunto de competências do que quando lhes é dito a mesma coisa vezes sem conta. Os professores terão mais facilidade em ensinar se soubermos o progresso do aluno e o que precisa de aprender a seguir. A IA inquietará a educação porque poderá mostrar aos professores como um estudante está a progredir nos seus conjuntos de competências sem ter de passar horas a pesquisar documentos ou a experimentar diferentes formas de ensinar o mesmo material vezes sem conta. Esta nova tecnologia seria muito mais eficiente do que os métodos anteriores, poupando tempo e dinheiro.

A IA será mais barata do que contratar um professor num futuro próximo, porque os salários dos professores continuam a aumentar enquanto os custos da IA diminuem a cada ano.

A IA também poderia ser usada na educação para mudar a forma como ensinamos e aprendemos. A IA pode ser usada para criar lições mais interativas e envolventes com comentário personalizado. Isto permite aos estudantes que necessitam de um pouco mais de atenção ou repetição obter a ajuda extra de que necessitam, o que por sua vez ajuda a colmatar lacunas existentes. É mais fácil do que nunca, graças à Internet e a todas estas novas tecnologias que combinam a educação, entretenimento, e jogos numa única experiência para crianças.

A educação tornar-se-á mais personalizada do que nunca, porque pode ser personalizada apenas para si. Não há necessidade de todos terem aulas de música quando não estão musicalmente inclinados ou lutam com a matemática todos os dias na escola, em vez disso, os educadores poderiam concentrar-se nos seus pontos fortes para que tenha uma compreensão ainda melhor dos conceitos, melhorando ao mesmo tempo as áreas onde possa haver espaço para melhorias. As escolas também teriam acesso a dados menos tendenciosos sobre os seus alunos o que significa que os professores saberiam exatamente onde teriam que aperfeiçoar.

A IA poderia também ajudar os educadores, abordando algumas das suas preocupações de longa data sobre a cultura escolar, tais como a intimidação e a falta de motivação entre os estudantes.

Os *chatbots* (bots de conversação) podem não substituir os professores, mas podem ajudar os professores a fazer o seu trabalho de forma mais eficaz e eficiente. Mas o que são os *chatbots*? Os *chatbots* são uma ferramenta de apoio às funcionalidades dos programas educativos. Estes podem ser usados para responder perguntas confusas ou simplesmente zelar pelo material que os estudantes leem, através da monitorização da sua compreensão.

Os *chatbots* são um novo tipo de tecnologia que está a revolucionar a forma como as pessoas interagem umas com as outras. Podem ser programados para responder a qualquer pergunta e fornecer conselhos personalizados, ou podem funcionar como um jogo interativo entre dois utilizadores diferentes.

A IA pode ser usada para criar *chatbots* avançados e o perigo é que as pessoas possam ficar tão dependentes deles para coisas como marcar reuniões ou mesmo comprar mercearias; isto tornaria mais difícil para as crianças aprenderem a fazer estas tarefas elas próprias. Quando mais trabalhos forem feitos por robôs, não haverá tantos trabalhos para as pessoas.

O que pode ser feito em relação a isto? A IA também pode ser usada nas escolas, mas o lado negativo é que quanto mais trabalhos forem realizados por robôs menos trabalhadores humanos haverá, e isto poderá ter um impacto negativo na educação das crianças.

A IA pode também proporcionar aos estudantes uma melhor forma de aprendizagem porque seria adaptada às necessidades e capacidades de cada estudante sendo esta uma das razões pelas quais a IA deve começar a ser utilizada nas escolas. A IA já está a ser usada nalgumas escolas, mas deveria ser mais implementada porque os estudantes poderiam beneficiar da IA e os professores também terão uma melhor compreensão dos seus estudantes.

Em vez de utilizarem a IA apenas para testes, os professores poderiam utilizá-la como ferramenta de ensino, para que não estivessem tão stressados e pudessem concentrar-se no que é importante.

O nosso futuro é desconhecido e a necessidade de educação com IA será essencial. Já vimos que estão a ser ensinadas matérias diferentes às crianças através de jogos em tablets, mas uma forma de as ensinar de forma mais eficaz seria se fossem capazes de interagir num ambiente de mundo real e não apenas o que é mostrado online ou projetado em ecrãs.

As pessoas têm de aprender diferentes coisas ao longo das suas vidas, é o que recebem por estarem na escola ou terem aulas especiais para diferentes disciplinas. A educação molda a forma como veem o mundo e a si próprias. Mas tudo isto está a mudar agora porque alguns investigadores pensam que a IA também nos poderá ajudar nestas frentes! Esta nova e arrojada fronteira pode levar a uma era em que todos têm mais tempo para fazer outras atividades para além do que ficar sentados no trabalho a aprender sobre coisas sem nunca parar como antes, por isso vamos descobrir tudo o que se sabe sobre educação usando a IA hoje em dia.

Algumas pessoas estão preocupadas com a utilização da IA porque se esta não for implementada corretamente, então poderá haver consequências negativas, tais como eliminar a hipótese de um estudante ter uma educação ou dar-lhes informação incorreta. Os professores têm de ensinar aos estudantes que esta nova tecnologia pode ajudá-los a ter sucesso nas suas carreiras futuras, mas também precisam de se certificar de que sabem como se proteger dos riscos.

A tecnologia pode fazer com que os estudantes se sintam mais ligados e empenhados com os seus professores, colegas de turma e disciplinas que estão a estudar. Isto criou um aumento do interesse pelos campos de STEM entre os estudantes do ensino secundário em todos os EUA.

Um tutor digital poderia estar na ponta dos dedos de cada aluno e fornecer instruções personalizadas para aqueles que mais precisam ou mesmo proporcionando apenas conhecimentos gerais.

No entanto, há também desvantagens que advêm de um ensino demasiado dependente da IA, tais como menos crianças a aprender com um ser humano real com competências práticas ou com alguém que pode ter as vantagens da educação sobre temas vivenciados apenas pelos seres humanos, como, por exemplo, quando há um deslizamento de terras, terramotos ou quando estamos perante algum fenómeno relacionado com animais, tais como a gripe das aves.

2.2.1. Como a Inteligência Artificial pode transformar a Educação

Muitos países em todo o mundo estão a implementar a IA no seu sistema educativo. Com novas tecnologias como a realidade virtual, a IA pode ajudar os estudantes a aprender sobre tópicos que de outra forma poderiam não estar interessados e também dar-lhes feedback sobre como melhorar certas capacidades como a compreensão da leitura ou tocar um instrumento. A investigação demonstrou que este tipo de aprendizagem é mais eficaz do que os estilos tradicionais de ensino devido à sua capacidade de personalizar a experiência de cada aluno, de modo a adequar-se melhor às necessidades individuais de cada um.

A IA é um campo em rápida evolução que continuará a mudar a forma como interagimos com a tecnologia. Uma das nossas tarefas mais urgentes como seres humanos deve ser aprender como a IA pode ajudar-nos neste processo e compreender o que ela significa especificamente para a educação.

À medida que a IA se torna cada vez mais sofisticada, os investigadores estão também a desenvolver formas de utilizar estas novas tecnologias em nichos inovadores como a educação. Por exemplo, existe um aplicativo chamado *ActiveLearn* que utiliza algoritmos de aprendizagem por máquina desenvolvidos pela primeira vez no *MIT Media Lab* para personalizar as lições de acordo com as necessidades individuais dos estudantes.

A IA tem vindo a fazer ondas recentemente, à medida que se torna mais presente na nossa sociedade: os investigadores preveem que quase 70% das interações entre humanos e máquinas irão utilizar Sistemas Inteligentes Artificiais (SIA) dentro de apenas dois anos. Agora estamos a falar de ensinar às crianças como interagir com os computadores, em vez de tentar ensinar às crianças coisas antiquadas como ler a partir de livros ou estudar mapas em globos.

A IA já está a mudar a forma como processamos e armazenamos dados, bem como a melhorar a tomada de decisões, então porque não incorporar a IA na aprendizagem? Pode ajudar a tornar os conceitos desafiantes mais acessíveis, dividindo-os em partes menores e mais manuseáveis, o que por sua vez pode tornar mais fácil a aprendizagem, além de fornecer uma perspetiva diferente.

Uma das formas que a IA na educação poderia funcionar seria através de assistentes pessoais como a Siri ou Alexa, que são capazes de proporcionar, mesmo aos iniciantes na educação uma forma que pode ajudar a facilitar a aprendizagem dos estudantes. Um exemplo é o *Intelligent Tutoring Systems*, que utiliza um agente inteligente (IA) para automatizar o processo de ensino e ensinar disciplinas como matemática ou física de forma mais eficiente do que os seres humanos sozinhos poderiam fazer.

Esta empresa existe desde 1977, mas tem tido algum sucesso recente com o seu motor de aprendizagem adaptativo, que tem sido utilizado por mais de um milhão de estudantes. Tem em conta os conhecimentos anteriores de um estudante e depois adapta o curso àquilo de que este necessita com base nas suas respostas.

Os benefícios de usar IA incluem maior precisão e eficiência (o que poupa tempo aos professores) e maior motivação entre os alunos. Mesmo vivendo numa era incerta e caótica, a IA intensificou-se para nos ajudar a navegar melhor no nosso caminho através da reforma da educação, fornecendo apoio personalizado com recursos infinitos à sua disposição.

Esta nova tecnologia avançada vai mudar tudo sobre a forma como se aprende a partir de agora. Deixará de ser apenas um computador, será também o seu tutor pessoal, recorrendo a conjuntos ilimitados de dados tais como pesquisas na Internet ou revistas científicas, para fornecer lições personalizadas que são sempre relevantes e atualizadas automaticamente com base naquilo de que mais precisa nesse momento, com a finalidade de avançar como nunca antes possível.

2.3. Educação com IA sem interação humana

O futuro da educação com IA é tão incerto e ambíguo como sempre foi. Se quisermos assumir que a tecnologia irá continuar o seu ritmo exponencial, então poderíamos prever uma mudança drástica na forma como os estudantes aprendem sem interação humana. Contudo, mesmo que a IA não cresça exponencialmente, continua a existir uma incerteza sobre se as pessoas querem ou não que os seus filhos interajam com o que alguns percebem como máquinas frias pré-programadas, em vez de professores que têm experiência real de ensinar lições da vida real através de métodos diferentes.

Algumas das considerações mais importantes que envolvem a IA no que diz respeito aos seres humanos é a forma como estas interações irão ter impacto na educação. A educação sempre foi uma interação de humano para humano, mas e se isso pudesse mudar?

A educação tem sido, desde há muito, uma pedra angular da nossa sociedade. É a instituição que nos dá todas as ferramentas que aprendemos quando crescemos, e molda quem somos como adultos, mas e se a educação for com a IA?

Imagine um ambiente educativo onde não houvesse necessidade de professores, ou mesmo de alunos. Imagine um mundo onde uma IA pudesse adaptar-se e aprender com o indivíduo e vice--versa.

A IA tem vindo a evoluir, e agora temos robôs que estão a ensinar a fazer as coisas. Eles também não o estão a fazer sozinhos: precisam de pessoas que os possam ensinar a aprender também com as interações humanas com a IA!

Com a IA, parece que a educação em breve será tratada sem a necessidade de interação humana. A forma como esta mudança vai afetar as pessoas permanece pouco clara e traz muitas questões sobre que tipo de futuro nos aguarda, bem como sobre como nos podemos preparar em conformidade.

A ficção científica tem frequentemente explorado este tópico com muitas representações de mundos geridos unicamente por robôs e IA que depois entram em conflito pelo poder sobre o futuro da humanidade. Uma questão interessante em mãos é se estas máquinas devem simplesmente servir-nos ou substituir--nos inteiramente, no entanto, uma coisa permanece certa: a tecnologia não pode resolver todos os problemas que a humanidade enfrenta sozinha, mas precisa antes da ajuda das capacidades sociais benéficas e pré-estabelecidas se quiser continuar a prosperar.

Um dos grandes pontos fortes dos humanos é que são capazes de aprender com os outros e transmitir conhecimentos através de gerações, mas isto também significa que os humanos terão de encontrar formas de sobrevivência para a sua própria espécie a fim de não serem substituídos por máquinas que não podem fazer mais nada a não ser o que foi programado.

2.3.1. A Realidade Aumentada (RA)

A realidade aumentada (RA) tem sido utilizada pelos professores desde 2013, uma vez que continuamos a dedicar mais tempo e energia à busca de conhecimento é fundamental que inovemos. Isto significa não só mudar a forma como ensinamos, mas também integrar as inovações tecnológicas emergentes na educação. Vivemos num mundo onde a tecnologia se infiltrou em quase todos os aspetos das nossas vidas, alguns acreditam que isto significa uma aquisição robótica de professores, enquanto para outros isto anuncia uma nova era de educação mais personalizada e eficaz.

A RA é uma nova tecnologia que pode ser utilizada para estudar conceitos na sala de aula. Uma forma de funcionar é através do uso de óculos inteligentes com capacidades de RA; poderiam então seguir instruções animadas sobre como fazer uma experiência ou resolver problemas usando personagens virtuais e objetos colocados à sua volta, tais como setas apontando para áreas específicas de interesse. Esta abordagem inovadora dá aos professores mais tempo para interações de um-para-um com os seus alunos, ao mesmo tempo que encoraja a criatividade através de estratégias de resolução de problemas aprendidas tanto em cenários da vida real como em simulações de software.

A mudança da palestra para uma aprendizagem ativa já começou, como evidenciado por inovações como os educadores de jogo da *Kahoot!*, contudo temos a responsabilidade de assegurar que a todos os estudantes seja dada a oportunidade de uma educação. O sistema baseado no jogo de *Kahoot!* fornece aos professores a capacidade de avaliar rapidamente a compreensão do aluno e de envolver as salas de aula na aprendizagem, respondendo a perguntas em telemóveis ou tablets como parte de um desafio de competição global, a qualquer hora, em qualquer lugar.

À medida que a IA se tornar mais omnipresente, haverá sem dúvida alguns desafios que surgirão, bem como oportunidades de inovação na aprendizagem.

2.3.2. Como a IA pode melhorar a educação com realidade aumentada e algoritmos de aprendizagem automática

Passamos todos estes anos a pensar que somos os mais inteligentes, mas já pararam para pensar como funciona a inteligência noutros mundos?

Muitos de vós devem ter ouvido que não há nada pior do que uma pergunta estúpida. Bem, não é o caso quando se trata de educação. O mundo em que vivemos hoje tem tantas pessoas inteligentes a viver nele e a estudar em universidades ou colégios, enquanto outros estão sentados com as mãos atrás da cabeça a serem preguiçosos no trabalho escolar porque pensam que a ignorância os salvará um dia! Mas o que acontece se ocorrer uma emergência? Pode então ficar sem sorte.

Um mundo que é mais inteligente é uma possibilidade. Recentemente, a IA tem feito grandes avanços no campo da aprendizagem profunda e da visão por computador para a deteção de objetos, o que pode ser uma indicação do que está para vir. Se não tivermos cuidado com o quão longe esta investigação vai, então em breve as nossas mentes humanas "defeituosas" deixarão de ser necessárias para sobreviver na Terra, como os humanos têm feito desde tempos imemoriais, porque essas máquinas podem fazê-lo melhor de qualquer forma, dado que não precisam de dormir, de socializar, nem de comer!

O potencial de inovação educativa com RA na sala de aula mostra que os estudantes que aprendem a usar RA têm demonstrado um maior nível de envolvimento. São mais propensos a reter informação porque esta é apresentada como parte de um ambiente de jogo, em vez de ouvirem apenas os professores ou ver apresentações de diapositivos.

Fazer a ponte entre o conhecimento e a experiência é uma das tarefas mais importantes da educação. Com a realidade aumentada, as experiências do "mundo real" podem ser diretamente sobrepostas sobre o que os estudantes já sabem sobre o seu assunto, através de uma base de dados para lhes mostrar tudo, desde modelos 3D a conteúdos multimédia que melhorem a compreensão. Isto tem implicações potenciais significativas como ferramenta educacional, se puder melhorar as taxas de retenção dos estudantes ou ajudar a preparar os estudantes para carreiras futuras. O RA permite uma aprendizagem mais personalizada porque a sua capacidade de personalizar as lições com base nas necessidades de cada indivíduo acabará por fazer com que cada aluno sinta que é a prioridade quando interage com a tecnologia da RA em salas de aula de todo o mundo.

Como seria aprender sem nunca ter de abrir um livro de texto? Imagine se tivesse o poder da RA na ponta dos seus dedos. A RA é uma camada sobreposta interativa em 3D que pode exibir dados e gráficos sobre objetos ou cenários do mundo real em tempo real, tal como visto através de uma lente de câmara de um dispositivo móvel que fornece aos utilizadores mais conhecimentos do que poderiam ler de qualquer livro, mas sem sequer abrir um! Pode dizer "para quê dar-me ao trabalho de ler quando eu tenho isto?" E estamos inclinados a concordar porque há muitos benefícios para os estudantes que aprendem utilizando tecnologias RA: taxas de compreensão mais rápidas; taxa de retenção melhorada em mais de 400%; melhor compreensão devido não só às sugestões visuais, mas também ao feedback áudio. Os alunos parecem menos distraídos e aborrecidos durante as aulas porque estão envolvidos no conteúdo de RA, e tanto professores como alunos estão mais satisfeitos com a sua experiência de aprendizagem.

Os recentes desenvolvimentos na tecnologia da RA levaram a novas possibilidades para os educadores em todo o mundo. Ao sobrepor dados virtuais em objetos ou cenários do mundo real utilizando um dispositivo móvel ou computador, a realidade aumentada permite aos estudantes participar em atividades que de outra forma seriam difíceis ou impossíveis.

Os educadores podem utilizar a educação RA para criar novas e estimulantes oportunidades de aprendizagem para os seus estudantes. Os estudantes já não necessitam de acesso às instalações escolares tradicionais, tais como um laboratório de ciências com equipamento dispendioso como microscópios; têm agora a oportunidade de ter esta experiência mesmo na sua própria casa.

Os educadores podem proporcionar aos estudantes uma experiência interativa que de outra forma não poderiam ser expostos quando ensinam disciplinas tradicionais tais como matemática, ciência, história ou literatura.

Esta mudança no panorama educacional levou a um movimento global de educadores e empresários a conceberem formas inovadoras para os estudantes, professores, pais e membros da sociedade em geral para beneficiarem da educação sobre RA.

Até 2024 espera-se que mais de mil milhões de pessoas estejam a utilizar regularmente a realidade aumentada. O futuro da educação é a RA.

Os alunos que aprendem a utilizar a RA ganham exposição não só a representações visuais, mas também a experiências auditivas, graças em grande parte à sua natureza interativa que enriquece o conteúdo de aprendizagem através de tutoriais passo-a-passo orientados dentro de ambientes realistas onde os alunos são capazes de explorar e manipular o seu ambiente.

A ferramenta RA, que foi desenvolvida pela Universidade de Augsburg na Alemanha, está atualmente a ser testada com um grupo de 40 estudantes com idades compreendidas entre os oito e os nove anos num ambiente experimental durante duas horas por semana durante um período de seis meses. O próximo passo será continuar a testar e avaliar a sua eficácia nas crianças e nos seus professores. A equipa de investigação descobriu que os estudantes que utilizaram RA foram capazes de recordar mais detalhes e conceitos, estando ao mesmo tempo mais empenhados na aprendizagem em comparação com aqueles que estudaram tópicos de formas tradicionais como a leitura de livros de texto ou a audição apenas de palestras. Atualmente, tais ferramentas só podem ser acedidas num ambiente escolar, mas há esperança de que sejam disponibilizadas aos estudantes em casa num futuro próximo.

A ferramenta RA sobrepõe-se essencialmente à informação adicional sobre um assunto sobre a sua realidade, projetando imagens de câmaras digitais em superfícies como carteiras ou mesas e transformando-as em ecrãs interativos, que podem depois ser controlados com gestos manuais e comandos de voz.

Durante séculos, muitas pessoas acreditaram que um dos papéis mais importantes de uma escola era o de instruir os alunos na leitura e escrita. Mas com novas tecnologias como a RA, os professores poderão em breve enriquecer as suas aulas com conteúdos digitais, medindo simultaneamente a compreensão dos alunos. A RA é uma ótima forma de envolver os estudantes na aprendizagem. A RA tem o potencial de inovação educacional ao ajudar a tornar os conceitos mais narráveis, interativos e tangíveis através da representação visual de dados ou locais geográficos cénicos indisponíveis noutros locais. Os estudantes que aprendem utilizando a RA referem níveis de interesse mais elevados com as suas disciplinas do que aqueles sem esta tecnologia disponível, bem como taxas de retenção de conhecimento aumentadas ao longo do tempo.

A RA é um desenvolvimento empolgante no campo da educação. A tecnologia da RA tem sido utilizada por algumas escolas para proporcionar experiências de aprendizagem prática aos estudantes que de outra forma poderiam não obter essa experiência devido a restrições orçamentais ou limitações físicas, como a desordem do espectro do autismo e deficiências intelectuais. Também tem presenteado uma nova forma, tanto para professores como para estudantes, de aprenderem sobre culturas antigas através de jogos como o *Rome Reborn VR.*

O potencial de inovação educacional com realidade aumentada na sala de aula é infinitamente estimulante. Imagine conseguir usar o seu telefone ou tablet como um portal para novos mundos de conhecimento e descoberta.

2.4. Vantagens e desvantagens da educação com IA

A IA não é um conceito novo, existe desde os anos 50. É mais popular nos últimos anos graças aos avanços com a aprendizagem de máquinas e grandes dados que permitiram que a IA assumisse tarefas mais complicadas. A IA no sector da educação vai mudar significativamente nos próximos anos, e é importante que levemos a educação com IA mais a sério.

Os benefícios da IA são debatidos entre a sociedade, uma vez que ainda precisamos da contribuição humana para algumas coisas, como ensinar as crianças. As potenciais desvantagens da IA na educação é que pode levar a questões de privacidade, e pode ser uma grande invasão dos direitos dos estudantes. A IA necessitará de conjuntos de dados de alta qualidade e consistentes para o ensino, cuja recolha é frequentemente desconfortável (por exemplo, através de vigilância por vídeo) e, por vezes, completamente intrusiva (através de publicidade direcionada).

Mas, os benefícios desta tecnologia são enormes. Não só ajudará os alunos a aprender mais rápida e eficazmente, assim como também os professores terão mais tempo para concentrar a sua atenção nas necessidades individuais em vez de generalizar para toda a turma, o que leva a uma melhor compreensão. Mas também libertará o tempo do seu professor para se concentrar também nas crianças que mais necessitam de assistência, fazendo-as sentir-se menos marginalizadas ou deixadas para trás, reduzindo ao mesmo tempo a dimensão das turmas para metade. Por exemplo, a IA pode também recolher dados dos estudantes e ajustar o seu trabalho de curso em conformidade, por exemplo, se tiverem dificuldades a matemática, mas se se destacam noutra disciplina.

Com os avanços da tecnologia, os educadores estão a elevar as suas aulas a um nível totalmente novo! Está provado que uma instrução personalizada num sistema baseado em IA leva os estudantes a níveis mais avançados de desempenho e a melhores notas. Isto porque tem em conta o que eles já sabem, para não os confundir com informação demasiadamente complicada para as suas capacidades de compreensão nesse momento. A IA é bastante vantajosa para alunos que aprendem melhor através de estímulos visuais ou auditivos enquanto outros precisam de aprendizagem prática para melhor apreender conceitos e ideias. A melhor parte sobre estes programas é como eles se tornam adaptáveis com o tempo, quanto mais se aprende, menos provável é que se precise de qualquer correção ou assistência do seu instrutor! Um benefício importante é também ter acesso a pessoal docente de qualidade.

A IA pode também acompanhar o progresso dos alunos com maior eficiência do que os professores alguma vez poderiam conseguir. Isto permite aos instrutores fornecer aos estudantes que necessitam de ajuda extra com planos de aula personalizados que os ensinam a dizer que pode levar a questões de privacidade, e pode ser uma grande invasão dos direitos dos estudantes.

Além disso, a IA pode expandir o acesso a conteúdos envolventes que abranjam múltiplas disciplinas, mesmo em locais onde possa ser difícil para as crianças prosseguir uma educação devido a razões de segurança ou económicas.

A IA não é o que damos, mas sim como usamos, não deixe que o medo o impeça de explorar oportunidades.

O potencial dos estudantes para aprenderem a seu próprio ritmo e em qualquer local permitir-lhes á mais liberdade do que alguma vez tiveram. Deste modo facilita as experiências de aprendizagem personalizadas além que ajuda que não fiquem para trás. Por exemplo, se o estudante estiver interessado nos temas, pode simplesmente fazer uma pausa nos trabalhos escolares e trabalhar noutras coisas.

Outro dos benefícios desta tecnologia é que dará aos estudantes mais tempo para explorar as suas paixões, interesses e passatempos com comentários instantâneos sobre eles, em vez de serem avaliados ou classificados com base num teste que possam ter feito em qualquer outra turma. Desta forma, os professores podem ajudar a orientar os seus alunos para os percursos profissionais em que estejam mais interessados, o que constitui um enorme benefício tanto para os alunos como para a sociedade.

Adicionalmente, a capacidade da IA para comunicar e interagir com os humanos torna possível que as pessoas que são introvertidas ou não têm boas capacidades de comunicação interpessoal saibam como crescer mais do que aquelas que são ensinadas a mesma coisa, mas de uma forma tradicional.

O advento da IA na educação permitirá uma experiência mais personalizada e uma questão importante que os estudantes enfrentam, especialmente nos anos de escola secundária e universitária, sendo vital a ligação de uma forma diferente para resolver este problema. O futuro da aprendizagem é fortalecedor e adaptável. A IA proporciona uma excelente oportunidade para os estudantes encontrarem a ajuda de que necessitam quando ela é mais necessária, sem perturbar demasiado a sua carga de trabalho.

Seria sensato que as instituições de ensino superior não levassem a IA de ânimo leve porque esta tecnologia fará ou quebrará a sua ajuda e também ajudará os estudantes a compreender melhor o material que estão a aprender e a dominá-lo de forma mais eficiente. A IA levará a uma maior taxa de retenção de conhecimentos, o que significa menos tempo perdido em cursos introdutórios. A IA pode criar currículos personalizados que se baseiam também no progresso do estudante, o que significa que não têm de perder tempo a relembrar coisas que já sabem. Os estudantes são capazes de colaborar uns com os outros nos seus cursos, que é o futuro de aprendizagem para muitas pessoas, e obter ajuda de professores de todo o mundo. Um tutor com poder de IA que pode adaptar-se às necessidades de cada aluno e ajudá-los a aprender. De facto, a educação baseada na IA tem o potencial de se tornar um fenómeno global.

Além disso, a IA permitirá que os estudantes assumam menos dívidas porque não terão propinas tão elevadas com os seus estudos, proporcionando uma aprendizagem mais competente e adaptável porque não são uma entidade física. Isto não é apenas um problema nas escolas, mas também tem impacto no ensino superior.

Uma solução alimentada por IA assegura aos estudantes um ambiente seguro com uma opção que não quebre o seu orçamento. Deste modo, os pais podem ter a certeza de que os seus filhos também estão a receber instrução de qualidade em casa.

Uma desvantagem que se apresenta é a que os consumidores poderão ter dificuldade em compreender os benefícios da inteligência artificial na educação. Níveis potencialmente mais elevados de desigualdade, uma vez que a adoção de tecnologias habilitadas para a IA pode criar barreiras à entrada para aqueles sem acesso a banda larga de alta velocidade ou a novas tecnologias.

Para começar, devemos reconhecer quão benéfica esta tecnologia pode ser para as crianças nos países em desenvolvimento que não têm acesso a uma escola pública de qualidade ou mesmo a livros. Tem sido demonstrado repetidamente que quando se dá aos alunos empobrecidos uma oportunidade de aprenderem com recursos educativos de alta qualidade através de ecrãs de computador, eles têm um desempenho tão bom, se não melhor do que os seus homólogos dos países mais ricos.

As mentes inovadoras querem que as crianças de todo o mundo tenham a melhor oportunidade possível e acreditamos que isto pode ser feito com a IA. Por exemplo, algumas escolas nos Estados Unidos estão a adotar uma abordagem diferente e mais criativa do seu sistema educativo através da implementação da inteligência artificial. Estas escolas utilizam robôs como assistentes de ensino para disciplinas como matemática ou ciências. Os alunos destas escolas beneficiam de ter um professor envolvente que não só é divertido, mas também eficiente quando se trata de classificar tarefas de casa.

Não estou a defender uma abordagem de tudo ou nada, na verdade acredito que há espaço para ambos.

As vantagens da educação sobre IA superam as desvantagens, mas uma grande desvantagem surge: os professores já não serão necessários porque são exigidos um novo conjunto de competências que não são ensinadas na escola. Ter crianças a trabalhar com IA para aprender matemática ou ciência exigirá que elas compreendam como as máquinas pensam e resolvem os problemas, o que é algo que a maioria das escolas não ensinam como parte do seu currículo atual. No entanto, esta desvantagem pode ser transformada numa vantagem: o objetivo final da educação é preparar as crianças para o futuro, e a IA é uma parte integrante disso.

As oportunidades são infinitas quando se trata de desafios adicionais e também incluem implicações éticas e morais da IA na educação.

CAPÍTULO 3:
Tipos de Interações

A inteligência artificial está a ser utilizada para melhorar tanto o ensino como a aprendizagem. O ensino de interações utilizando inteligência artificial é uma ótima forma de ensinar os estudantes sobre o mundo que os rodeia.

Pela forma como a tecnologia entrou em todos os aspetos da nossa vida, não há dúvida de que a IA em breve será também parte integrante da educação. Não se trata apenas de proporcionar uma aprendizagem personalizada, adaptativa e dinâmica a todos os estudantes, mas também de dar aos professores mais tempo para se concentrarem nas suas competências: criar aulas cativantes, criativas, e pensarem em como a IA entrará no sistema educativo. Para que os criadores, designers e outras pessoas que pensam em como a IA entrará nos sistemas educativos, precisam de explorar o significado da pedagogia num mundo alimentado pela IA.

As práticas atuais nem sempre se aplicam porque os alunos não são apenas destinatários de conteúdos que são criados por outros, eles próprios também criam os seus. Os sistemas alimentados por IA podem ajudar os professores a criar aulas envolventes que satisfaçam as necessidades individuais dos estudantes, ao mesmo tempo que os ligam aos recursos educativos que necessitam através do seu plano de aprendizagem personalizado. Isto não significa que os professores serão substituídos por robôs. Na verdade, significa precisamente o contrário. Trata-se também de dar aos professores mais tempo para se concentrarem nos seus conhecimentos: criar aulas e avaliações envolventes.

Os sistemas alimentados por IA podem ajudar a pensar numa forma de agitar o sistema educativo e só acontecerá se os ajudarmos a realizar o seu potencial e a obter os recursos adequados para lhes fornecer as ferramentas certas para que possam explorar e experimentar.

Precisamos de deixar de ver a IA como algo que vai assumir a educação, mas antes usá-la para aquilo para que foi feita: ajudar-nos a fazer melhor o nosso trabalho. Desde conceber avaliações para estudantes com diferentes capacidades até criar uma forma mais eficiente de avaliar o progresso dos estudantes.

3.1. Interações de professores com a IA

Os professores têm que frequentemente responder a perguntas que os alunos desconhecem ou compreendem mal, mas utilizando a tecnologia da IA, os professores nunca mais terão este problema. Os benefícios, tanto para o professor como para o aluno, são profundos. A IA é uma ferramenta que precisa de ser trabalhada com cuidado para a melhoria da educação.

O objetivo da IA na sala de aula é aplicar os avanços tecnológicos para ajudar os professores a gerir uma abordagem mais pessoal e individualizada. Os professores podem utilizar esta nova ferramenta para seu próprio benefício, sendo capazes de se envolverem melhor com os alunos e monitorizar o progresso dos alunos durante o tempo de aula, bem como fora do horário escolar. Isto conduzirá não só a um aumento do envolvimento, mas também a um melhor desempenho académico entre os estudantes em risco ou aqueles que se debatem academicamente devido a doenças mentais como o distúrbio do défice de atenção (DDA) e a depressão. Estas doenças são frequentemente negligenciadas até os alunos começarem a reprovar nas disciplinas e a terem problemas com determinadas tarefas porque podem necessitar de concentração ou de confiança.

Quando se trata de saber quão importantes são outros eventos da vida que acontecem simultaneamente e que nada têm a ver com os académicos (e que têm impacto na educação), tais como: conflitos familiares, intimidação dos colegas, as escolas podem utilizar a IA que poderá fazer um melhor cruzamento de todos estes aspetos.

Uma forma de o fazer é inclui professores que utilizam programas alimentados por IA, tais como um da Amazon chamado *Alexa for Education* (A4E), que lhes permite ensinar interações com a ajuda de comandos de voz num dispositivo como *Echo* ou *Dot*. O ensino através da IA ajuda os instrutores a acompanhar o progresso dos alunos, criando um programa individualizado para cada aluno com base nas suas respostas durante as sessões de aula ou tarefas de casa, bem como avaliando a forma como estão a aprender com o comentário

contínuo de questionários e avaliações ao longo do processo de trabalho do curso. Os professores também são capazes de orientar os alunos através das suas aulas, fazendo perguntas que fornecerão comentário em tempo real, isto encoraja os alunos, ao mesmo tempo que facilita o trabalho também para os educadores. A opinião de muitos professores é que acham mais fácil ensinar quando fazem perguntas e obtêm feedback em tempo real. A integração não só melhorou o envolvimento dos alunos, como também melhorou os níveis de desempenho, tudo isto sem um aumento do custo para os educadores.

A IA pode ser usada para complementar os professores existentes. Pode ajudar a criar currículos personalizados para estudantes de todos os níveis de aprendizagem, o que poderá ajudar a manter os baixos rendimentos e as crianças minoritárias envolvidas na escola porque terão um currículo adaptado especificamente às suas necessidades.

A IA está a ser usada para ajudar os professores a ensinar melhor. O objetivo da inteligência artificial na educação será o desenvolvimento e entrega de instrução "personalizada" para os alunos, que pode melhorar o desempenho dos alunos, tornando a aprendizagem mais envolvente e interativa. Os professores com IA são capazes de entregar planos de ensino individualizados que lhes permitem tirar partido dos seus pontos fortes, bem como desenvolver novas competências com base no que querem ou precisam, numa perspetiva de carreira. Com esta tecnologia torna-se muito mais fácil para os educadores que trabalham à distância (como os que estão online) porque já não se perde tempo com viagens quando se planeiam aulas, tudo o que se precisa é de uma ligação à Internet.

Os sistemas educativos inteligentes vão ser a nossa melhor esperança de continuar a ser relevantes. Estes programas de IA ajudarão a ensinar os estudantes o que precisam de saber no momento a todos os níveis para não ficarem para trás nos campos em constante evolução. Dito de outra forma, estão a construir sistemas que ajudarão os estudantes a acelerar a sua aprendizagem.

A tecnologia alimentada pela IA está a ser cada vez mais utilizada para complementar e até substituir as interações humanas. O ensino, por exemplo, pode agora ser feito remotamente com a ajuda de software de IA que imita o estilo de ensino de uma pessoa real em programas de chat de vídeo como o *Google Hangouts* ou o *Skype*. Isto torna possível não só fornecer instrução personalizada, mas também poupar tempo e dinheiro porque não há custos de viagem envolvidos na aprendizagem de novas competências de um especialista que pode estar noutra parte do mundo.

O objetivo é tornar a IA mais abrangente para ajudar todos a aprender e ensinar os outros, mas também significa ter máquinas que possam manter conversas nas quais sejam capazes de compreender o significado, bem como de seguir instruções complexas. Para testar isto, alguns estudantes foram questionados se o seu professor deveria ou não ter permissão para utilizar um avatar interativo durante as aulas em vez de dar anotações, porque muitas pessoas têm dificuldade em aprendê--las num espaço limitado de tempo, devido a outras responsabilidades tais como trabalho e compromissos familiares. Dos 75% inquiridos responderam que não, enquanto apenas 25% disseram que sim, o que mostra o quanto valorizamos a interação humana em relação à representação mecânica, quando nos envolvemos numa conversa individual sem qualquer preconceito.

Entre as principais fontes de ansiedade das pessoas está na incerteza das suas interações com os outros. A utilização da tecnologia da IA para ensinar competências interpessoais tem sido uma bênção, uma vez que permite aos utilizadores um maior controlo e confiança quando interagem com outros seres humanos. Por exemplo, ensinar as crianças com autismo é uma tarefa difícil. Muitas vezes têm dificuldade em interpretar expressões faciais e sugestões sociais, o que pode facilitar-lhes o isolamento dos seus colegas de turma durante o horário escolar ou fora da sala de aula. Por esta razão, algumas escolas estão agora a voltar-se para a IA como parte de um esforço para ensinar interações que irão melhorar estas competências cruciais nos estudantes que possam estar a lutar sem ajuda. Por exemplo, o *IBM Watson AI System* foi utilizado por educadores da Universidade Estadual da Carolina do Norte para ensinar aos seus alunos com desordem do espectro do autismo como ler expressões faciais em fotografias, o que foi encontrado como uma habilidade crucial para aqueles que se encontram no espectro do autismo.

3.1.1. Inovação em testes e avaliação

Parece que as inovações estão a acontecer regularmente nos dias de hoje, quer seja o aparecimento de novas tecnologias ou de novas formas de medir os resultados da aprendizagem dos estudantes. Com tantas mudanças que ocorrem dentro da educação a um ritmo tão rápido, pode ser difícil para os educadores acompanharem o que está a acontecer.

Uma inovação que está a ganhar força nalgumas salas de aula é a utilização de testes ponderados, o que inclui testar os estudantes com novas sugestões e perguntas. É debatido como isto pode ajudar a desbloquear uma maior criatividade dos estudantes, bem como a melhorar os resultados de aprendizagem. Este tipo de testes cria uma experiência muito melhor tanto para o professor como para o aluno e são uma forma realmente poderosa de envolver os estudantes no processo de aprendizagem. A consideração por detrás de testes ponderados pode ser vista quando inclui tarefas que requerem mais do que um conjunto de competências, tais como desenhar ou mover objetos.

Em última análise, o objetivo da IA é ajudar tanto estudantes como professores a levar a sua educação para além dos livros escolares e das salas de aula, para uma experiência mais personalizada e adaptada a cada estudante individualmente.

3.2. Instruções personalizadas

Antigamente, só se lia um livro, não muitos livros diferentes sobre vários tópicos, como a tutoria virtual assistida por IA é capaz de fazer hoje em dia.

O futuro da educação incluirá certamente alguma forma de IA, a fim de melhor servir os seus alunos. Este sistema utilizaria um tutor de IA centrado no estudante e personalizado para as necessidades de cada aluno.

A forma como pensamos sobre a educação está a mudar drasticamente à medida que a IA se desloca para a sala de aula. Com instruções personalizadas, e avaliações mais precisas das necessidades de um aluno do que antes, os professores são finalmente capazes de individualizar as suas aulas para cada aluno na sala de aula.

Imagine um mundo em que os seus filhos são tratados como indivíduos únicos e recebem instruções personalizadas com base nos seus pontos fortes, fracos e objetivos. Não desejou sempre ter instruções personalizadas para cada aluno? Com a tecnologia da IA é possível! Isto permite um melhor envolvimento, bem como uma maior compreensão do material porque é personalizado especialmente só para eles!

O recente desenvolvimento em IA está a tornar possível aos computadores fornecerem instruções personalizadas, planos de aprendizagem personalizados e ajudar os estudantes a aprenderem de forma mais eficaz.

Neste sistema de educação, um currículo centrado no estudante seria entregue por um tutor de IA que adaptaria o seu estilo de aprendizagem a cada estudante individual. Isto asseguraria que os estudantes nunca seriam deixados para trás porque o sistema educacional é um pensador visionário e vê o futuro da educação.

O que encontrámos foram algumas grandes *startups* baseadas em IA que proporcionam aos estudantes uma experiência educacional personalizada e ajudam os professores a gerir melhor as suas cargas de trabalho. A IA poderia ser a próxima grande coisa no ensino e aprendizagem, fornecendo educação personalizada aos alunos a um nível individual.

Uma nova plataforma de educação alimentada por IA, chamada *Bloomsbury,* retira dados de fontes como (blogs, *posts Reddit,* perguntas *Quora)* para criar lições personalizadas para cada aluno. Isto garante que têm sempre acesso a informação atualizada e que os professores não precisam de horas extra por semana apenas tentando manter o seu material de aula. O número médio de horas que um aluno passa na aula diminuiu em onze por cento, o que equivale a mais de 2 dias por mês. A *Bloomsbury* é um exemplo perfeito de IA perturbando o modelo de educação tradicional com uma abordagem inovadora que é simultaneamente eficaz e eficiente.

Não só estamos a criar uma melhor experiência de aprendizagem para os estudantes, como também estamos a libertar tempo para os educadores, para que possam concentrar-se no que realmente importa: ensinar e orientar os seus alunos. O sistema atual simplesmente não consegue acompanhar a rapidez com que a tecnologia tem progredido. Além disso, o novo software, desenvolvido pela Google e chamado "*AI Coach*", pode ajudar os professores a identificar potenciais problemas no estilo de aprendizagem ou conhecimento de conteúdo de um estudante melhor do que nunca. Este software melhorou significativamente as notas dos estudantes em relação aos que não receberam tal assistência. Com esta ferramenta, os educadores são capazes de adaptar os planos de aula para alunos individuais com base nas suas necessidades e interesses, ao mesmo tempo que estabelecem ligações entre diferentes disciplinas utilizando algoritmos de aprendizagem por máquinas. Isto significa que cada estudante não só obterá o que mais precisa em cada aula, mas as próprias aulas podem mudar drasticamente dependendo do tipo de instrução da IA.

Outra tecnologia que está a perturbar a educação chama-se *AI-Educator* e utiliza um algoritmo de inteligência artificial que analisa o desempenho de um aluno ao longo do tempo, identifica quais as competências necessárias a seguir e depois fornece conteúdos de aprendizagem personalizados em áreas com algumas debilidades reais ou potenciais, para que os educadores possam fornecer aulas direcionadas com planos de ensino individualizados. O sistema *AI-Educator* procura oferecer comentários personalizados através da análise do progresso dos alunos, analisando atividades passadas, bem como objetivos alcançados em sessões de trabalho anteriores; equiparando esta informação com estratégias de instrução que visam lacunas de competências específicas, proporcionando assim às escolas um caminho para a adequação a um tamanho único, tendo relevância quando se lida com a individualidade ou talentos dos alunos.

Os alunos são capazes de encontrar o conteúdo de que necessitam para as suas necessidades, navegando através de um painel de instrumentos personalizado. Se há algo que um indivíduo acredita que será benéfico, tudo o que tem de fazer é navegar e clicar sobre ele. Isto pode incluir o acompanhamento do progresso, bem como a identificação de áreas de domínio ou fraqueza nos conjuntos de competências.

Os recentes avanços no campo da IA permitiram uma instrução gerada por computador com programas de educação personalizados que ensinam às crianças melhor do que os métodos tradicionais de ensino podem proporcionar. Os computadores são capazes não só de avaliar o progresso de cada aluno individualmente, mas também de personalizar as lições com base nas suas necessidades, dando-lhes uma oportunidade muito maior de sucesso académico em comparação com os colegas que não recebem esta atenção extra da tecnologia, ou não têm acesso a informação escolar adequada.

O sistema educativo está a mudar drasticamente com a introdução da Inteligência Artificial. Por exemplo, professores e alunos terão instruções personalizadas baseadas no seu desempenho anterior, em vez de lhes ser dada uma lição padrão para todos seguirem.

Nos últimos anos, a tecnologia tornou-se mais predominante nas escolas à medida que os educadores experimentam novas tecnologias como ferramentas alimentadas por IA que personalizam experiências de aprendizagem, prevendo taxas de sucesso dos alunos ou recomendando lições suplementares quando necessário, algo que melhorou as notas entre aqueles que as utilizam de forma consistente. Adicionalmente, estabelece ligações entre diferentes disciplinas.

O potencial da IA na educação vai muito além da instrução em sala de aula: existem muitas outras formas de ser simultaneamente educativo para os alunos. O potencial de programar a IA com as competências que podem ser utilizadas num ambiente de trabalho do mundo real, tem a oportunidade não só de ensinar aos alunos essas competências, mas também de lhes proporcionar a experiência de praticar as competências num ambiente seguro.

A IA também poderia ser utilizada para monitorizar a eficácia do nosso sistema educativo. A IA pode analisar grandes quantidades de dados e encontrar padrões que podem não ter sido notados anteriormente. Os padrões que podem indicar potenciais problemas como a forma como educamos os estudantes de hoje, ou formas de a melhorar. Deste modo, a IA apresenta a capacidade de aprender e fazer comentários que podem ser utilizados para oportunidades de aprendizagem mais informais. Por exemplo, poderia fornecer aos professores dados valiosos sobre como as crianças estão a progredir nas suas aulas em casa.

Uma das possibilidades mais interessantes é que a educação habilitada para a IA poderia disponibilizar uma biblioteca global, ou seja, um repositório digital de todo o conhecimento humano.

3.3. Experiência intuitiva

O uso da IA é muitas vezes uma experiência intuitiva. Agora, com avanços engenhosos na aprendizagem de máquinas e tecnologias de computação cognitiva que podem agora ser utilizadas em casa por qualquer pessoa no seu portátil, nunca houve melhor altura para explorar o mundo fora da sua própria cabeça!

Alguns temem que a IA acabe por assumir o nosso trabalho, ou mesmo que nos governe com um punho de ferro e elimine completamente a individualidade; enquanto outros argumentam que a IA é apenas mais uma ferramenta na caixa da tecnologia humana a ser utilizada de forma responsável.

O mundo está a mudar rapidamente, e algumas pessoas estão ansiosamente a observar o potencial da IA para mudar tudo. Talvez seja interessante ver como a intuição humana pode ser usada com a tecnologia de IA para fornecer o próximo nível de serviço e apoio aos clientes na área da educação.

A tecnologia da IA está a transformar a forma como interagimos com os clientes. Quanto mais os robôs se tornam humanos, mais nos fazem sentir à vontade e felizes em utilizar os seus serviços. Na educação, especificamente, a IA pode ajudar a fornecer um serviço ao cliente de nível superior que os humanos não podem fazer por si próprios, analisando dados em tempo real para antecipar problemas antes que estes aconteçam, bem como para resolver problemas mais rapidamente do que alguma vez imaginou ser possível para os estudantes de todo o mundo que querem uma maior qualidade de vida através da aprendizagem.

A intuição humana combinada com a IA proporciona uma experiência sem precedentes ao interagir com os clientes porque ambos têm algo valioso para oferecer (os humanos fazem com que as pessoas se sintam preocupadas e valorizadas enquanto a IA analisa as tendências). A IA também tem algumas capacidades que seriam impossíveis sem a sua ajuda, tais como ajudar a analisar tendências tão rapidamente ou tornar o trabalho muito mais fácil de descobrir o que fazer a seguir.

Através da tecnologia de IA como os *chatbots*, os clientes têm acesso instantâneo a informação que os ajudará a tomar decisões sem ter de passar por níveis enfadonhos de representantes de serviço ao cliente que podem nem sequer saber qual é exatamente a sua preocupação; tudo isto enquanto utilizam capacidades de processamento de linguagem natural que tornam a comunicação mais eficiente e rentável do que nunca!

Outra área que está a agitar o sistema educativo e que será, sem dúvida, perturbada pela IA é a sala de aula. Em vez de utilizar livros escolares, os estudantes poderiam utilizar aulas virtuais interativas com a IA para os ajudar na resolução de problemas de matemática ou a leitura de uma história através de processos complexos. Isto significa mais tempo para outras atividades e menos trabalho para os professores.

O âmbito do impacto da IA na educação é ilimitado, mas será, principalmente, na forma de ajudar os seres humanos a fazer mais com menos trabalho e tempo, atuando como assistente proactivo para tarefas que antes estavam reservadas a peritos ou àqueles que as tinham estudado extensivamente anteriormente.

3.4. Como a intuição humana pode ser usada com a tecnologia de inteligência artificial?

A intuição humana é algo que a tecnologia da IA não pode imitar. Em comparação com as insuficiências nos algoritmos de aprendizagem de máquinas, os humanos têm uma capacidade natural de intuir e prever o que irá acontecer a seguir, com base em ocorrências passadas. Por exemplo, se há anos que usa o Facebook, é difícil não reparar quando alguém envia uma mensagem ou *posts* invulgares sobre as suas lutas de saúde e intuir o que poderá acontecer devido às suas experiências anteriores. Esta habilidade inata permite-nos, enquanto seres humanos, tomar decisões mais informadas do que as máquinas alguma vez poderiam tomar, assim como somos capazes de ler melhor as pessoas apenas a partir da observação!

A inteligência humana não se limita apenas ao que nos é ensinado na escola. O computador seria uma máquina estúpida se os humanos fossem os únicos a programar e interagir com ele, por isso, em vez de pensar que a IA nos vai tirar os nossos trabalhos, pense em como pode usar a sua intuição juntamente com a tecnologia da IA. Sendo os computadores uma extensão de nós próprios, uma vez que hoje em dia eles fazem tudo por nós, não os podemos tornar melhores? Que tipo de dados se deve recolher sobre si mesmo quando se usa a intuição humana como entrada para as inteligências artificiais?

Tentando responder à primeira questão, e se pudéssemos melhorar os computadores? Qual seria a melhor maneira de o fazer: tornando-os mais como nós, ou dando-lhes capacidades que são exclusivamente suas. Como vai ser o futuro da tecnologia informática nos próximos anos? Uma possibilidade é um sistema informático que consiga pensar por si próprio e completar tarefas de forma independente, sem necessitar de contribuição humano, uma experiência semelhante à da utilização da Siri hoje em dia num *iPhone*. Uma opção diferente inclui o aumento das capacidades humanas através de um aumentador digital, como o *Google Glasses*, que permite às pessoas com deficiências visuais o acesso à informação eletrónica enquanto ainda têm mobilidade total em torno de espaços físicos.

Os computadores têm progredido exponencialmente nos últimos anos. Mas ainda há espaço para desenvolver mais esta tecnologia. Desde o início da computação moderna e da IA, os nossos dispositivos têm vindo a ficar cada vez mais pequenos enquanto as suas capacidades crescem. A indústria informática explodiu realmente durante a última década, dando origem não só a uma geração inteira criada em computadores, mas também a outras indústrias como a robótica que dependem fortemente da potência computacional. Com um crescimento exponencial esperado todos os anos, não se sabe o que irá acontecer quando um dia todas as tarefas se tornarem automatizadas por estas máquinas em constante evolução!

A IA está a mudar o panorama da educação, e assim tem sido desde há algum tempo. Os *bots* pedagógicos podem assumir responsabilidades de gestão da sala de aula com uma compreensão matizada do que os estudantes precisam de aprender em diferentes contextos, acompanhando o seu progresso, bem como as necessidades individuais dos estudantes.

O processo poderia ser automatizado do início ao fim, sem intervenção ou supervisão humana, mas ainda há muitas coisas que requerem o toque humano.

A esperança é que as máquinas assumam as tarefas de classificação num esforço para poupar tempo aos professores, oferecer comentários personalizados baseados na forma como um estudante compreende o que foi coberto pelo ensino de *bots* e permitir que aqueles com um dom para o ensino se concentrem na liderança, e desenvolver novos cursos.

Outra forma de IA mudar o panorama educacional é lidar com outras tarefas tradicionalmente intensivas de trabalho, como agendar conferências, gerir calendários e cursos, ou mesmo gerar relatórios que documentam o progresso do aluno em tempo real.

O importante a fazer quando se lida com a IA é descobrir a melhor forma de utilizar as suas próprias intuições em conjunto com os cálculos da máquina para que possam fornecer um resultado ainda maior do que se qualquer um deles tivesse agido sozinho, sem a cooperação um do outro. Portanto, como vale a pena fazer bem, há alguns princípios básicos envolvidos:

certifique-se de saber onde residem os seus pontos fortes; utilize os seus conjuntos de competências complementares em conjunto e não separadamente; mantenha-se concentrado em melhorar a comunicação entre ambas as partes; e esteja pronto a fazer os ajustamentos necessários.

Um dos maravilhosos aspetos da nossa mente humana é a intuição. E a IA não tem esta capacidade por enquanto, porque está programada apenas para seguir instruções lógicas, de modo que, não é criativa ou flexível. Contudo, alguns investigadores acreditam que pode chegar o dia em que os dois sistemas possam trabalhar em harmonia onde a inteligência humana ajudará a tomar decisões baseadas no que uma IA vê acontecer através dos seus sensores.

Um dos conceitos errados mais comuns sobre a IA é que ela irá substituir os humanos o mais rapidamente possível, porque as máquinas não são suscetíveis a erros como as pessoas. Mas isto pode não ser verdade. A IA precisa dos nossos dados para que os seus algoritmos aprendam como pensamos através de tentativas e erros. Ao usar a aprendizagem de máquinas guiadas pela IA combinada com a entrada da nossa própria intuição natural, as empresas ganham acesso ao que os clientes fazem a nível individual enquanto aumentam a sua produtividade simultaneamente. A IA é já uma realidade em muitas áreas, como a tradução simultânea, ou o Marketing, pelo que é inevitável a sua incorporação na Educação.

A maioria das pessoas nunca teria adivinhado que uma máquina poderia ser mais inteligente do que elas, mas agora é possível. A IA está a ser utilizada para a aprendizagem de línguas por uma série de empresas e comunidades e tem revelado ser especialmente boa neste ensino. A IA existe há anos e com a ajuda de sistemas de educação de alta tecnologia como a *Academia Khan* e aplicações como o *Duolingo* que ensinam línguas através da técnica de imersão, estas máquinas estão a tornar-se mais inteligentes a cada dia. Por exemplo, a nova plataforma de ensino personalizado de línguas de *Duolingo Coursera* utiliza a aprendizagem automática de máquinas para atribuir automaticamente tarefas aos estudantes com base no seu nível de competência. O trabalho é cada vez mais difícil no sentido de fazer avançar o seu futuro. A IA provavelmente será capaz de fazer muito mais do que isto.

As implicações para o futuro da educação são claras: a IA não é apenas capaz, mas superior quando se trata de retenção de conhecimento e compreensão de conceitos complexos mais rapidamente do que os humanos! Como resultado, as escolas em toda a América começaram a adotar esta tecnologia logo no início do ensino básico para ajudar os estudantes a recuperar o atraso e consequentemente conduzirá a um mundo mais igualitário.

A intuição humana tem sido o padrão de ouro para avaliar e tomar decisões, mas agora que temos IA à nossa disposição numa grande variedade de campos, haverá realmente alguma necessidade de confiar nela? A verdadeira resposta está algures entre o sim e o não. Por um lado, pode usar a IA como uma extensão ou aumento em vez de substituir as suas próprias intuições; utilizando esta abordagem, os instintos naturais de ambos os seres humanos, juntamente com a aprendizagem supervisionada por máquinas, serão reforçados em conjunto. No entanto, se algo correr mal, então quem é o culpado: o ser humano ou o algoritmo? Isso leva-nos de volta a saber se a intuição humana precisa de algum refinamento antes de ser inteiramente substituída, talvez não se confie tanto nela quando as coisas estão a correr bem.

Os recentes exemplos com os carros autónomos, e os poucos acidentes que aconteceram, e que geraram muitas notícias, quando há milhões de acidentes todos os dias, revelam que somos muito mais exigentes e suscetíveis a erros nas máquinas do que nos humanos e essa pode ser uma barreira a ultrapassar em termos da nossa confiança na IA. Mas não se enganem, mais cedo ou mais tarde iremos superar esta desconfiança e aprender que viver com a IA é melhor que viver sem ela.

CAPÍTULO 4:
Educadores e Professores

4.1. Objetivos dos educadores e professores

Em que tipo de mundo vivem as crianças e o que podemos fazer por elas? A questão deve ser: como podemos preparar os nossos filhos para o futuro? Os abusos da IA são uma preocupação, mas podem ser mitigados com limites de utilização ou estarmos conscientes dos riscos do que está em jogo. Precisamos de nos preparar para esta mudança e temos de o fazer antes que seja demasiado tarde. É necessário assegurar que todos os estudantes tenham acesso a computadores nas escolas e aprender como a IA será utilizada. Precisamos de nos educar a nós próprios e à comunidade sobre como a IA será utilizada. Pensar também nas crianças. Precisamos de nos preparar para esta mudança antes da tecnologia entrar em todos os aspetos da nossa vida, por isso precisamos de aprender como irá afetar as nossas gerações futuras. É para nós, como sociedade, garantir que as nossas crianças tenham acesso à IA na educação. Se não mudarmos a forma como educamos agora, haverá um enorme fosso entre aqueles que a compreendem ou utilizam e aqueles que não a compreendem.

A Internet é um ótimo lugar para isto, mas o acesso a ela não é uniforme. Devemos descobrir quem precisa de ajuda para compreender e depois fornecer-lhes recursos para que saibam o que se está a passar e possam proteger-se.

O objetivo para educadores, profissionais e pais deve ser que a IA traga melhores resultados quando se trata de melhorar os nossos conhecimentos, fazer investigação, ensinar as crianças e melhorar o desempenho dos estudantes. O uso da IA também dará a todos uma oportunidade de aprendizagem ao longo da vida à medida que envelhecem, devido às suas capacidades adaptativas.

A IA pode ser usada numa variedade de indústrias, mas o objetivo deve ser sempre melhores resultados. A IA tem muitas valências, tais como a aprendizagem mecânica e a aprendizagem profunda. A questão torna-se então até que ponto é exata? Há limitações da IA que precisamos de considerar antes de a implementarmos nas nossas vidas para o bem ou para o mal. Algumas delas incluem preconceitos, a incapacidade de ter em conta todos os fatores que entram num processo de tomada de decisão à medida que aumentam exponencialmente e as preocupações éticas sobre a automatização.

Há muita especulação e debate entre os educadores sobre como a IA irá afetar as perspetivas de emprego dos professores nos anos vindouros. Em inquéritos recentes, alguns dizem que acreditam que os robôs poderiam fazer o seu trabalho por eles enquanto outros pensam que é uma coisa boa porque a tecnologia pode melhorar os métodos de ensino ao fornecer comentários instantâneos sobre os resultados dos alunos. Ainda não está claro qual o impacto que a IA terá a longo prazo, mas uma coisa parece certa: não há respostas fáceis neste momento.

Que conselhos podem ser dados aos professores sobre como podem promover melhores conversas em sala de aula?

O primeiro passo seria estabelecer rotinas que regulem o fluxo de diálogo e encorajem os alunos a serem mais do que simples ouvintes passivos. Os professores podem não só orientar a conversa, mas também aproveitar as pausas naturais na discussão para suscitar novas ideias, introduzir um novo tópico ou simplesmente fornecer uma perspetiva alternativa.

É importante que tanto professores como alunos se sintam à vontade para partilhar os seus pensamentos uns com os outros. Para que isto aconteça, o ambiente deve estar livre de juízos e críticas.

Uma conversa aberta com a família de um estudante também pode ajudar a melhorar a sua experiência de aprendizagem. Os professores devem trabalhar em estreita colaboração com os pais, a fim de construir relações que sejam mutuamente benéficas.

Nem sempre é fácil para os alunos que podem sentir-se tímidos perto dos seus pares, mas os professores têm como objetivo não apenas na aprendizagem dos alunos, mas também promover o bem-estar do aluno.

4.2. Futuros educadores: Robôs

Com a educação com a IA mais depressa se poderia dominar o conhecimento do mundo. Desde o jardim de infância até à sala de reuniões, a educação é uma das nossas instituições mais importantes. Mas e se a educação pudesse ser ainda melhor? A introdução da IA nas salas de aula tem sido saudada por muitos como uma forma excelente para professores e alunos aprenderem mais eficientemente do que nunca.

Desde que a sociedade existe, a educação é a instituição que nos dá todas as coisas que aprendemos quando crescemos, mas e se os nossos futuros educadores fossem robôs?

A IA já teve um enorme impacto na nossa sociedade. Agora, os cientistas interrogam-se se deveria assumir também o controlo da educação e ensinar os estudantes. Isto pode parecer uma ideia extravagante para muitas pessoas, mas considere: prefere que o seu filho seja ensinado por alguém que está sempre aborrecido ou frustrado com o seu trabalho, porque já não gosta de ensinar os outros devido à papelada e outras responsabilidades que os corroem dia após dia, ou alguém que está a fazer o que adora para viver todos os dias de trabalho? Portanto, embora ainda não estejamos 100% prontos, isto pode muito bem tornar-se realidade em breve, onde a IA se torna muito próxima dos estudantes.

Além disso, há uma razão pela qual as pessoas pensam em IA para tudo, desde os seus telefones até aos assistentes domésticos, por isso não será de admirar que também os queiram para ensinar!

Imagine um mundo onde a educação já não esteja limitada às salas de aula e aos manuais escolares. Imagine um momento em que sejamos capazes de usar a IA como nossos professores, mentores, em suma, as pessoas que nos moldam em adultos. O que significaria isso para a sociedade?

Nesta era futura de educadores de IA pode haver novas oportunidades abertas para estes avanços: os estudantes terão acesso não só às suas próprias experiências mas também a experiências com outros estudantes de todo o mundo; as aulas podem tornar-se mais personalizadas porque cada estudante tem um perfil único criado apenas para ele com base naquilo em que mais precisam de ajuda ou nas melhores formas de aprendizagem (já a acontecer em algumas escolas); finalmente, poderá colocar menos encargos sobre os pais e prestadores de cuidados para que as crianças possam passar tempo em atividades fora do meio académico como o desporto ou as artes. No entanto, com uma mudança tão radical na forma como aprendemos, pode haver consequências involuntárias também para a sociedade: os educadores de IA teriam de ser programados e ensinados sobre o que é culturalmente apropriado para cada cultura; as aulas já não são limitadas pela localização, pelo que os estudantes poderiam potencialmente fazer múltiplos cursos online de uma só vez sem terem de viajar ou mudar de escola. Num cenário distópico, a IA poderia ser programada para monitorizar e controlar todos os aspetos da educação, tornando mais difícil às pessoas aprenderem o que quiserem sem qualquer supervisão.

A primeira coisa que nos vem à mente são os potenciais benefícios, tais como: um ensino mais personalizado, porque cada estudante tem um perfil único criado apenas para eles com base no que precisa, sendo que a IA poderia ser programada para envolver mais os estudantes no processo de aprendizagem. A educação não é limitada pela localização e pode ter lugar em qualquer lugar, a qualquer momento.

4.3. IA a assumir o papel de educadores

Como já sabemos, a instituição de aprendizagem mais comum na sociedade é a educação e como seria se a IA assumisse o papel de educadores?

A questão acima toca numa ideia muito interessante, o que aconteceria ao nosso sistema educativo se ensinássemos com IA em vez de pessoas? Que tipo de diferenças poderia isto criar para os estudantes que estão habituados a interagir com um educador humano desde o primeiro dia? Muitas pessoas estariam interessadas na forma como o professor de IA dos seus filhos interage com eles. A IA pode fornecer comentários aos alunos com base no trabalho que produzem, e é capaz de o fazer porque os seus algoritmos estão sempre a adaptar-se. Outra vantagem da utilização da IA como educador é que poderia haver uma redução drástica nos custos da própria educação.

Há tantas perguntas a fazer sobre as possíveis ramificações do uso da IA como educador, mas é evidente que haveria enormes consequências.

Há muitas possibilidades de como a IA poderia mudar a forma como aprendemos. Há muitas maneiras de compreender melhor as potenciais mudanças que a IA pode trazer às práticas escolares de hoje em dia, incluindo tanto a focalização nas línguas, como a oferta de oportunidades de sucesso às crianças, encorajando-as através de testes a níveis mais exigentes do que os padrões académicos anteriormente possibilitavam. Isto permitiria melhorar os resultados dos testes e, deste modo, os estudantes poderiam completar os seus estudos mais rapidamente.

A tecnologia da IA terá sem dúvida um enorme impacto na forma como as pessoas adquirem conhecimentos a partir deste ponto em diante, promete não só uma aprendizagem mais rápida, mas também uma maior apreciação dentro de campos que de outra forma podem parecer estéreis ou desinteressantes devido à sua complexidade. Cada disciplina escolar estaria disponível na ponta dos dedos num instante: problemas de matemática resolvidos pelo próprio Einstein; palavras de vocabulário espanhol ensinadas através de vídeos da *Rosetta Stone de Madrid*, em resumo, as possibilidades são infinitas. Mas esta nova era tecnológica oferece-nos não só maiores oportunidades de aprendizagem do que nunca, mas também mudanças monumentais em todos os sectores de trabalho imagináveis.

A tecnologia de IA é capaz de melhorar a educação de qualquer estudante fornecendo materiais educativos personalizados com base nas suas competências e nível de necessidade, que são determinados a partir de um pequeno teste realizado no início de cada ano ou semestre escolar. Isto ajuda a melhorar as taxas de retenção através da personalização das aulas para necessidades individuais; reduzir a carga de trabalho de casa; diminuir o tédio e os benefícios compensam os custos de todas as maneiras possíveis.

A introdução da IA na educação mudou vidas, e só vai melhorar com o tempo. Desde que o Google começou a ensinar aos alunos das escolas desde o ensino primário ao ensino secundário como funciona a IA através do seu projeto *TensorFlow*, temos visto uma mudança positiva não só na educação, mas também na criatividade. Com uma maior ênfase nos programas STEM e na integração das artes nas salas de aula em toda a América, não há limites para o que pode ser conseguido com estas novas e poderosas ferramentas. Em termos de educação, poderá ser necessário reciclar os trabalhadores deslocados pela IA para que sejam qualificados para os novos tipos de empregos que irão surgir. Isto pode exigir uma grande revisão na forma como a educação é ministrada, quer se trate de aprendizagem ao longo da vida ou de programas de reconversão a curto prazo.

A IA está a revolucionar o mundo da educação e só vai melhorar para os estudantes.

O futuro chegou às salas de aula com a IA, uma tecnologia que reconhece os processos cognitivos humanos, bem como a forma como funcionam melhor. As escolas são agora capazes de utilizar redes neurais profundas, o que significa uma programação avançada concebida a partir da investigação neurocientífica sobre como os humanos pensam e aprendem as coisas de forma mais eficiente do que os métodos tradicionais, como palestras ou conjuntos de problemas. Pode levar algum tempo até que cada aluno possa tirar partido desta nova forma de aprendizagem, mas se o seu filho frequenta hoje a escola, deve encorajá-lo a fazê--lo, porque a IA pode, por exemplo, ensinar às crianças sobre equações algébricas, assim como gramática!

Outra forma de a IA poder ajudar a educação é através do ensino de línguas estrangeiras aos estudantes, seja na forma de um robô ou de um jogo de vídeo automatizado, o que poderia ter múltiplos benefícios para a sociedade. Por um lado, melhoraria as ligações globais que são hoje especialmente importantes com tantas pessoas que vivem no estrangeiro e longe umas das outras; por outro lado, poderia ajudar os estudantes a tornarem-se mais fluentes em línguas que serão úteis para os negócios globais.

A fim de compreender melhor como a IA pode agitar a educação, deve-se também considerar a ideia de utilizar a IA como um substituto dos professores e este não é um conceito irrealista, considerando que as vozes geradas por computador já são utilizadas durante as conversas telefónicas ou os *chatbots*. Ter--se-ia de olhar também para os potenciais inconvenientes, tais como a forma como a IA poderia tornar-se uma ferramenta elitista apenas para aqueles que a podem pagar, e isto poderia criar uma divisão entre ricos e pobres. Isto é também algo que precisa de ser considerado quando se pensa em professores robôs, porque são tão caros, o que significa que nem todos irão receber um.

A IA tem o potencial de mudar a educação ao ligar professores e estudantes de todo o mundo. Pode também ser usado no lugar dos professores para coisas como classificar documentos, testes, ouvir palestras, e até mesmo responder a perguntas. A IA mudará a forma como aprendemos e interagimos com os professores. Por exemplo, pode ser utilizada para ajudar os estudantes que tenham dificuldade em utilizar a sua voz ou ler texto num ecrã.

A IA está a mudar a forma como aprendemos e interagimos com a tecnologia. Ao fazer uso de redes neurais artificiais, os sistemas informáticos podem simular padrões de pensamento humano, permitindo uma experiência de utilizador mais intuitiva. A revolução da IA na educação irá transformar a forma como aprendemos e enriquecer a vida quotidiana. A IA irá revolucionar a educação nos próximos anos, e poderemos ver a educação com tutores virtuais. Na verdade, alguns acreditam que a IA já transformou a aprendizagem em grande medida.

Se acreditarmos em algumas das previsões, em breve estaremos num caminho em que a IA estará em cada passo da educação. O futuro está cheio de oportunidades para a educação e as pessoas nem sempre estão entusiasmadas com esta ideia. Algumas pessoas acreditam que em 2025 a maioria das tarefas de gestão serão completadas por robôs, enquanto outros dizem que isso só acontecerá em 2040, onde os humanos também perderão todos os empregos que anteriormente tinham acesso. Já não haverá necessidade desse trabalho humano porque os computadores podem fazer tudo melhor do que eles.

A IA já é uma mudança de jogo de muitas maneiras, com impacto na forma como trabalhamos e vivemos. Mas e quanto ao papel da inteligência artificial nas nossas escolas e universidades?

Estamos no limiar de uma nova era, em que os sistemas avançados de IA serão capazes não só de responder a perguntas e resolver problemas, mas também de tomar decisões por nós. São assistentes de gestão pessoal que nos ajudarão em todos os aspetos da vida, incluindo na educação. Isto é inevitável se aceitarmos que nós, humanos, somos inteligentes ao usar a IA na educação e que já vimos resultados positivos.

O primeiro passo na mudança da educação com IA será o desenvolvimento de sistemas em que a máquina aprende com as interações entre professores, alunos e conteúdos educacionais, bem como outros fatores como localização ou tempo. O segundo passo é a integração destes serviços personalizados nas plataformas existentes, de modo que se tornem disponíveis para a IA na educação. Não só irá mudar a forma como as pessoas aprendem, mas também a forma como pensam e processam a informação.

As implicações da IA na educação são enormes. As implicações destes avanços serão sentidas durante gerações e o seu potencial é espantoso. A fim de maximizar os efeitos positivos, é necessária uma abordagem mais formalizada que tenha em conta os interesses das várias partes interessadas e que, ao mesmo tempo, considere considerações éticas em todas as fases do desenvolvimento. A tecnologia tem o potencial de ser utilizada a todos os níveis e pode mesmo levar a uma mudança de paradigma da memorização de rotina para o pensamento crítico e a resolução de problemas. O uso de IA nas salas de aula ajudará os educadores a tomar decisões informadas sobre quando e como integrar esta tecnologia.

O uso de IA na educação não está isento de desafios. Foram manifestadas preocupações sobre o potencial de enviesamento. Alguns especialistas acreditam que os professores humanos se tornarão obsoletos dentro de 20-30 anos à medida que os computadores assumirem as suas funções.

Nos níveis superiores de ensino, há vários esforços em curso para utilizar a IA na pedagogia. O departamento de informática do

MIT revelou recentemente um novo conjunto de ferramentas para ajudar a ensinar cursos de informática. O MIT não está sozinho na sua busca pela utilização da IA para fins pedagógicos.

4.4. Preocupações dos professores

Num futuro próximo, os educadores terão de pensar sobre a melhor forma de trabalhar com a IA. Há uma preocupação crescente de que os professores sejam substituídos por robôs e inteligência artificial nas salas de aula. Uma forma de acalmar este medo é através da integração da colaboração homem-robô nos espaços de ensino, para que os humanos possam concentrar-se no que fazem melhor enquanto as máquinas tratam de certas tarefas como classificar testes ou corrigir erros ortográficos para eles. Esta abordagem poderia facilitar a ligação emocional dos estudantes com o seu professor, que pode ter mais tempo porque a tecnologia ajuda a aliviar algumas das suas responsabilidades e permite-lhes passar um tempo de maior qualidade fazendo algo para o qual foi bem treinado, por exemplo, inspirar os jovens sobre a matemática!

Acha que a inteligência artificial assumirá o trabalho de um professor? Será que os seus filhos têm alguma ideia sobre o assunto?

Muitos estudantes vão passar tempo com o seu novo robô educativo quando se trata de lhes ensinar matemática, ciências ou línguas. Os objetivos da IA são estabelecidos por professores que conceberam o seu currículo para diferentes competências com base nas necessidades do aluno. Os professores podem assistir remotamente enquanto ensinam através de um vídeo de outra sala na escola ou em casa, para que, se houver um problema, possam corrigir o que aconteceu de imediato sem terem de se deslocarem, como muitos outros educadores fazem agora!

Num estudo, verificou-se que os professores estão preocupados com o potencial da IA para substituir a interação humana na educação. O artigo publicado pelo "*The New York Times*" mostra quatro formas diferentes como a inteligência artificial está hoje a afetar o ensino e a aprendizagem, através de uma maior eficiência em grande escala, como ferramenta de intervenção após um evento traumático ou diagnóstico com doença mental como o transtorno de stresse pós-traumático (TSPT) ou depressão, melhorando o desempenho dos estudantes durante as avaliações de leitura crítica utilizando software de reconhecimento de fala como o *Dragon Dictate 10+*, e finalmente como a Inteligência Artificial pode melhorar a instrução praticamente sem o contributo dos professores.

O futuro da educação não é claro com os professores de IA a entrarem em cena. Algumas pessoas acreditam que isto irá contribuir para uma experiência envolvente e útil, enquanto outras pensam que poderá ser uma oportunidade educacional mais limitada. Veem a IA como uma ferramenta de capacitação ou acham-na limitativa?

A ideia de que a IA seja utilizada no campo da educação não é tão rebuscada como se poderia temer. O potencial de uma ferramenta educacional para proporcionar uma aprendizagem individualizada através de um programa que atua como um tutor humano poderia ser benéfico para os estudantes, especialmente aqueles com deficiências que de outra forma impediriam de receber alguma forma de escolaridade. Pode ajudar a manter as escolas relevantes e oferecer-lhes novas formas que talvez nunca tenham pensado ser possíveis antes.

É importante que os professores compreendam como a IA irá influenciá-los na sua profissão e o que podem fazer agora para se prepararem. Com a introdução de tecnologias como os sistemas de ensino automatizados, torna-se ainda mais crítico que os educadores se mantenham atualizados em competências como a programação, para que possam ensinar os alunos de várias maneiras sem depender apenas de testes padronizados ou de conhecimentos da matéria.

A IA já foi introduzida nas salas de aula em toda a América, incluindo o sistema escolar público da cidade de Nova Iorque que recentemente investiu 200 milhões de dólares na implementação de tecnologia destinada a tornar a aprendizagem numa experiência interativa através da utilização de inteligência artificial (tais como sistemas de resposta a perguntas). Os professores podem ser confrontados com potenciais desafios ao lado destas novas ferramentas de ensino, mas também podem existir oportunidades para além da simples padronização das aulas através da repetição ou memorização.

Livres das limitações impostas pelos métodos tradicionais de ensino, os educadores podem ser capazes de alavancar software baseado em IA de formas sem precedentes e aumentar também a sua própria criatividade. A integração da tecnologia numa sala de aula exigirá uma consideração cuidadosa em nome dos professores, mas com o investimento dos principais interessados, tais como pais e coordenações escolares, poderá fornecer tecnologias computacionais cognitivas que são uma componente chave de como utilizaremos a IA para mudar a educação. Inevitavelmente, haverá prós e contras para a inteligência artificial na escola: por um lado, pode ajudar a poupar tempo aos professores, ao cuidar de tarefas administrativas que de outra forma ocupariam o seu dia; mas, por outro lado, pode ver uma diminuição na interação aluno-professor à medida que mais alunos se voltam para a tecnologia para aprenderem ainda mais depressa do que antes, mas como é que isto afeta as notas?

A IA tem sido utilizada para criar simulações e mundos virtuais que têm afetado a forma como os estudantes aprendem, as suas atitudes sobre a escola, e mesmo o seu bem-estar emocional fora da sala de aula. Temendo que sejam substituídos por estes novos programas ou algoritmos, os professores estão a procurar formas de se integrarem com a tecnologia para que ainda possam ensinar eficazmente, ao mesmo tempo que incorporam alguns métodos de ensino modernos nas aulas, como a introdução de robôs como parte de um ambiente interativo de sala de aula, onde as crianças interagem com eles a muitos níveis, desde a socialização através da construção de projetos em conjunto, até à aprendizagem de competências robóticas que preparam as crianças para trabalhos da vida real nos campos da ciência e da engenharia.

4.5. Uso da IA para detetar depressão nos professores

4.5.1. Detetar depressão nos professores através do tom de voz

A IA está a desbravar novos caminhos no tratamento da depressão. O software de análise de voz pode detetar sinais de doença mental, como depressão e ansiedade, mesmo sem qualquer conhecimento sobre as circunstâncias ou história do seu utilizador.

A IA pode ser um grande avanço no diagnóstico de doenças mentais como a depressão, que são notoriamente difíceis de identificar apenas pelos métodos tradicionais; a IA deteta mudanças de tom e entoação quando falam nos seus telefones ou computadores, analisando pontos de dados sobre padrões de fala para fornecer provas demasiado subtis para a interpretação humana.

A IA é mais do que apenas um mero conceito. Ela existe, e pode ser vista sob a forma de uma aplicação que deteta a depressão entre os professores através do tom de voz. Muitos professores em todo o mundo sofrem de depressão em silêncio, e os sinais são muitas vezes enterrados tão profundamente, que nem sequer se apercebem do seu estado. Este é um problema grave porque a depressão dos professores afeta não só o seu próprio bem-estar, mas também o dos seus alunos.

Um professor que esteja deprimido será menos criativo nas aulas, o que se traduz em notas mais baixas para os seus alunos. A inteligência artificial pode detetar a depressão nos professores através da análise do seu tom de voz. Quando um professor se debate com a depressão, muitas vezes fala de forma muito monótona e letárgica. Este padrão de fala de baixo consumo de energia tem sido estudado durante décadas para fornecer uma visão sobre distúrbios de saúde mental como esquizofrenia ou distúrbio bipolar, mas agora está a ser usado como um método de deteção precoce que poderia ajudar a identificar a condição antes que surjam problemas graves, tais como ausências de professores devido a absentismo ou tentativas de suicídio.

Como pode a IA ajudar os professores com depressão? O ensino é uma profissão que tem sofrido historicamente de taxas de doença mental superiores à média. De facto, já nos anos 50, os educadores foram classificados como um dos grupos mais cronicamente doentes da América. Esta estatística foi atribuída às pressões que o ensino carrega, incluindo trabalho a tempo inteiro e salários reduzidos em relação a outras profissões que requerem níveis de educação ou nível de competências semelhantes. De acordo com estudos recentes da Associação Psiquiátrica Americana, mais de metade (51%) de todos os novos casos são agora diagnosticados durante a idade adulta e não na adolescência ou infância; o que reflete tanto um aumento dos fatores de risco para o desenvolvimento de doenças mais tarde na vida como uma maior consciência sobre estes problemas quando os adultos procuram tratamento hoje em dia e nunca antes.

O mundo está a mudar, e as pessoas estão a lutar para se manterem a par. Mas se uma pessoa tem os meios, pode sempre recorrer à IA para obter ajuda, talvez ainda mais do que nunca. As implicações da IA vão para além do local de trabalho: pode também ser usada como parte dos esforços de tratamento da saúde mental na educação.

Sente-se cansado ou frustrado no trabalho? Os seus amigos dizem-lhe para se animar, mesmo sabendo que algo está errado por dentro? Há alguma hipótese de isto poder ter alguma coisa a ver com a depressão? Bem, se sim, então a IA pode detetar o quão deprimido está sem nunca se encontrar cara a cara graças ao seu fantástico algoritmo de IA "farejador de depressão" que analisa os tons vocais para padrões que sugerem episódios depressivos.

A IA pode ajudar estes padrões de sofrimento através de uma terapia cognitiva comportamental que ensina competências que lhes permitirão gerir melhor a sua condição e reduzir o risco de recaída.

Recentemente, tem havido uma vaga de relatos sobre quantos professores sofrem de depressão clínica, tendo quase metade deles tido algum tipo de problema de saúde mental ao longo do período de tempo pesquisado apenas para este estudo. Felizmente, porém, há esperança no horizonte, pois novas pesquisas mostram que a Terapia Cognitiva Comportamental (TCC) pode ser uma forma eficaz para aqueles que lutam contra doenças mentais como a depressão ou a ansiedade.

A IA demonstrou ser de grande ajuda no campo da saúde mental. Anteriormente, muitas pessoas lidavam com os seus sentimentos de forma isolada e sem compreender como isso afetaria a si próprias ou a outras pessoas à sua volta. Isto pode levar à depressão, a ataques de ansiedade, ou pior, sem sinais de pré--aviso antes de começarem a afetar significativamente a sua vida profissional. Mas a IA está a enfrentar este problema de frente, fornecendo uma saída instantânea através de *chatbots* de IA que fornecem palavras reconfortantes e lembretes para aqueles que lutam diariamente com problemas de saúde mental, bem como o acesso a recursos através de uma aplicação móvel e de uma plataforma de oferta online que fornece financiamento para organizações de defesa da saúde mental em todo o mundo, especificamente dedicadas a educar as pessoas sobre formas como também elas podem compreender melhor os problemas de saúde mental no futuro.

4.5.2 Detetar depressão nos professores através da expressão facial

O reconhecimento facial tem ajudado a identificar professores em risco de depressão na escola. Os professores são frequentemente confrontados com desafios mentais porque se preocupam profundamente com os seus alunos; isto pode levar a um sentimento de culpa ou simpatia por aqueles que sofrem, levando alguns educadores a um estado pouco saudável conhecido como síndrome da fadiga da compaixão (SFC). Depois de ligar os níveis de ansiedade, depressão e suicídio dos professores ao seu ambiente de trabalho, as escolas começaram a procurar formas de identificar quando um professor está em sofrimento. Uma forma de o fazerem é através de software de reconhecimento facial que pode captar sinais emocionais como quais os lábios laterais que são puxados para trás ou os dentes que são barrados.

Discute-se como as escolas estão a tentar novas abordagens, tais como a utilização de tecnologia com câmaras que podem reconhecer diferentes emoções com base em fotografias, uma delas é se a pessoa estava deprimida (puxando para baixo um dos lábios laterais). As escolas têm vindo a investigar estas correlações entre questões de saúde mental e condições de ensino desde que houve um aumento de suicídios entre os educadores que diziam "simplesmente não aguentavam mais".

Os investigadores desenvolveram este sistema de reconhecimento facial a fim de identificar quando os professores estão deprimidos nos terrenos escolares. A ideia é que isto permitirá às escolas e administradores oferecerem apoio antes que se transforme em algo mais grave como tentativa de suicídio ou alcoolismo, o que custaria dinheiro para serviços de aconselhamento, entre outras coisas. Se esta investigação for bem-sucedida com mais testes, esta será uma excelente forma de manter os educadores saudáveis tanto física como mentalmente, para que possam fazer bem o seu trabalho sem se preocuparem com a interferência excessiva da depressão.

A tecnologia de deteção facial poderá em breve ser utilizada como um sinal de alerta precoce para a depressão entre os membros do corpo docente da escola através do rastreio da atividade neural em rostos usando algoritmos alimentados por IA que podem detetar sinais de alterações de humor, tais como tristeza ou stress, mesmo quando alguém não quer que sejam detetados por outros; este programa inovador foi conseguido através de técnicas de aprendizagem de máquinas aplicadas através de milhares de horas de filmagens de vídeo captadas em vários ângulos e distâncias.

Está a ser testado, no *University College London*, o reconhecimento facial para fornecer uma indicação em tempo real para aqueles que possam estar a lutar contra a depressão sem o seu conhecimento. Primeiro, o professor tira uma foto de identificação com o seu telemóvel que envia através do *Facetime* noutro telefone que foi configurado para reconhecimento facial e analisado por algoritmos de aprendizagem por máquina. Este processo ajuda a garantir a exatidão dos dados recolhidos, uma vez que estará a comparar fotografias com fotografias pré-carregadas armazenadas de anos anteriores, em vez de confiar apenas na visão humana para detetar certos sinais como bochechas afundadas ou piscar menos frequentemente durante a conversa enquanto olha para alguém cara a cara. Em segundo lugar, se houver provas potenciais de depressão encontradas após o envio desta fotografia, então o sistema anotaria para que os recursos possam entrar em ação antes que surjam sintomas mais graves, tais como tentativas de suicídio ou comportamento autoinfligido. Ao monitorizar sintomas físicos de depressão, poderia potencialmente salvar uma vida.

Adicionalmente, o *Facetime* está a ser utilizado como uma alternativa às entrevistas presenciais para diagnosticar doenças mentais devido à facilidade e exatidão com que os dados podem ser recolhidos, as pessoas que são entrevistadas por videoconferência têm menos hipóteses de se sentirem estigmatizadas se não precisarem de estar sujeitas a uma entrevista na qual se tenham que abrir perante terceiros.

CAPÍTULO 5:
Estudantes

5.1. O que fazer para ajudar os estudantes

Os estudantes de hoje são a primeira geração de estudantes que cresceu com a IA e as tecnologias de aprendizagem de máquinas, por isso é natural que eles queiram uma formação mais experiencial nesta área. Hoje em dia, vemos um número cada vez maior de interessados nesta iniciativa.

A forma como se procede à educação terá de mudar drasticamente se quiser permanecer relevante, para que os estudantes não acabem por se tornar inúteis devido apenas à curva de progresso. Isto pode parecer um problema que irá acontecer nas próximas décadas, mas já está a acontecer agora! De facto, existem hoje pouco menos de metade do número de postos de trabalho disponíveis para novos licenciados com diplomas de bacharelato do que há 20 anos atrás. O conjunto de competências mais comercializáveis que os estudantes podem esperar possuir está relacionado com a análise de dados, e está a tornar-se quase impossível encontrar tempo num diploma típico de quatro anos para isso.

Os estudantes também são resistentes à mudança; muitos estudantes discordam da ideia de entregar materiais didáticos através de um ecrã de computador. O que fazemos?

É compreensível que os estudantes sejam resistentes à mudança. Eles não confiam na ideia de entregar materiais de ensino através de um ecrã de computador, e com razão. Mas estão a perder oportunidades de aumentar a eficiência no seu processo de aprendizagem. Os estudantes têm frequentemente dificuldade em confiar em novas ideias ou tecnologias; faz sentido dado quantas vezes fomos desiludidos por pessoas e sistemas que não são de confiança hoje em dia.

Os professores assumem que os alunos são resistentes à mudança, mas muitos discordam da ideia de entregar materiais de ensino através de um ecrã de computador. Será altura de repensarmos os nossos métodos e de os envolvermos em atividades práticas?

Os professores e educadores muitas vezes acreditam que os estudantes são resistentes à mudança, por isso hesitam quando se trata de utilizar a tecnologia como ferramenta educacional. Contudo, pesquisas recentes sugerem que muitos professores subestimam o interesse dos seus alunos em atividades de aprendizagem baseadas em computador.

Os professores vêem-se frequentemente de um lado, defendendo as suas decisões contra a oposição dos estudantes. Mas e se vissem este conflito como uma oportunidade de diálogo e pensamento criativo sobre novas possibilidades ou "novas formas", em vez de se limitarem a preservar a tradição, regressando a velhas táticas quando confrontados com desafios da juventude de hoje?

O objetivo não é utilizar a IA para ensinar crianças, mas sim melhorar os resultados educacionais das escolas, utilizando-a em tarefas como a aprendizagem da investigação, processamento de linguagem natural e visão informática. A aprendizagem mecânica é a capacidade de um sistema aprender a partir de dados sem ser explicitamente programado, bem como de melhorar com a experiência ao longo do tempo. O processamento de linguagem natural define como os computadores podem processar línguas humanas, tais como a fala ou o texto escrito, analisando estruturas gramaticais e palavras a fim de formar frases próprias que são indistinguíveis de qualquer outro ser humano. O *Computer Vision* é a capacidade de uma máquina utilizar câmaras ou outros sensores para ver um objeto, pessoa, texto, etc., e gerar uma imagem de alta qualidade a partir dela com detalhes suficientes para os sistemas de IA compreenderem.

Podemos encontrar muitos exemplos de como estas tecnologias já estão a ter impacto em instituições de ensino em todo o mundo. De muitas maneiras pode argumentar-se que estamos a entrar numa era em que os computadores em breve ultrapassarão os seres humanos como educadores e professores. Há muitas pessoas que acreditam que o futuro impulsionado pela IA será mais eficiente, rentável e inclusivo. Há, no entanto, algumas advertências a esta nova revolução tecnológica.

A primeira pode ser que, se os computadores começarem a ensinar as crianças nas salas de aula, então arriscam-se a que se torne a única forma de conhecimento. As crianças crescem apenas com estas máquinas como seus professores.

A segunda pode ser que, se a IA for autorizada a controlar a educação, então aqueles que já são mais privilegiados continuarão a usufruir dos benefícios de uma educação de elite. O terceiro problema com esta revolução tecnológica pode ser uma questão de saber o que fazemos com o conhecimento que elas reúnem para nós, agora que as máquinas aprenderam tudo o que existe sobre o nosso mundo e universo. Como educadores, sabemos que não é um substituto para os professores, mas sim um suplemento. O quarto problema com esta revolução tecnológica pode ser uma questão de como medir o sucesso. Não basta apenas saber que uma criança está a aprender, também precisamos de alguma forma de quantificar o seu progresso, e depois dar este feedback ao aprendente.

O nosso objetivo deve ser agitar a educação com a IA através da introdução de novas tecnologias nas salas de aula, considerando ao mesmo tempo possíveis inconvenientes ou perigos da referida implementação, de modo a evitar um futuro distópico.

A falta de interação humana poderia ser um problema com estas novas tecnologias e a IA, resultando em mais ansiedade ou problemas sociais entre os estudantes. Além disso, a utilização de máquinas pode também retirar alguns trabalhos aos professores, tanto a tempo inteiro como a tempo parcial. À medida que a sociedade se torna mais dependente dos computadores, pode levar a uma falta de criatividade humana. Por último, mas não menos importante, as preocupações sobre o uso da IA podem ser de natureza ética, tais como dar às pessoas diferentes quantidades de tempo para fazerem um exame com base no seu passado racial ou económico.

Como sociedade do futuro, uma das soluções passa por encorajar tanto os educadores como os estudantes a considerar como estas novas tecnologias podem ser utilizadas para mudar a educação de formas positivas e criativas. Os professores terão de adquirir as competências e capacidades para trabalhar com estas novas tecnologias, para que possam perturbar positivamente a educação. Está a tornar-se cada vez mais difícil encontrar "bons" candidatos ao ensino. Será ainda mais difícil quando os novos computadores chegarem às salas de aula na próxima década, pois poderão substituir os instrutores humanos. Isto pode tornar difícil para os grupos marginalizados que não têm o mesmo acesso à educação que outros ao longo da história.

A questão torna-se então quais são as limitações da IA? Algumas destas limitações incluem o facto de não poder produzir ideias originais, de ter de aprender tudo através de uma série de algoritmos, e de estar limitado pelo que lhe ensinamos. A IA é um excelente aprendiz, mas tem de ser ensinado o que aprender, o que significa que existem limites à criatividade. A IA aprende através de algoritmos e outras instruções pré-programadas para que as suas decisões não tenham inteligência emocional ou pensamento independente sobre o que é melhor para a criança enquanto indivíduo.

Existe alguma consideração ética com esta tecnologia? Há considerações éticas com esta tecnologia por ser tão subjetiva. As possibilidades de usar a inteligência artificial para educar são ao mesmo tempo estimulantes e aterradoras porque tem tantas potenciais utilizações, bem como considerações éticas. Por exemplo, a aprendizagem de máquinas pode ajudar os computadores a classificar os ensaios mais rapidamente do que os humanos alguma vez poderiam. Mas há também preocupações de que os dados sobre os quais os computadores são treinados possam não ser exatos ou tendenciosos. Para que estas considerações éticas se realizem na educação, os professores devem estar conscientes das implicações do desenvolvimento da IA. Eles precisam de compreender o que está a acontecer com a IA para que possam tomar decisões informadas sobre a forma de a incorporar na sala de aula.

E quanto ao preconceito quando a tecnologia é apenas tão boa como os dados sobre os quais foi treinada? Atualmente, os sistemas de IA são muitas vezes concebidos para depender mais da intervenção humana do que da IA autónoma (para a tomada de decisões) é o resultado de um sistema informático complexo que pode processar informação.

Apesar de a educação estar tradicionalmente atrasada em relação a outros sectores, o desenvolvimento da IA é um campo em rápida evolução, e continuaremos a ver estas limitações à medida que novos desenvolvimentos ocorrerem nesta tecnologia. Este livro mostra alguns dos tópicos mais discutidos sobre a IA que podem ser utilizados para investigação ou exploração futura quando se considerar a utilização deste tipo de tecnologia na sociedade de hoje.

Os sistemas de IA são muitas vezes concebidos para depender mais da intervenção humana do que da tomada de decisão autónoma. A IA pode servir como uma ferramenta poderosa na educação, particularmente quando usada para identificar estudantes com dificuldades de aprendizagem, uma vez que permite aos educadores concentrar os recursos onde eles são mais eficazes. Por exemplo, a aprendizagem mecânica e as redes neurais profundas têm sido utilizadas para prever o sucesso dos estudantes com dificuldades de aprendizagem, por exemplo, com deficiências linguísticas tais como a dislexia.

A educação com IA e aprendizagem por máquinas são uma variedade de cursos inovadores que utilizam a IA para ensinar as crianças sobre programação ou como funciona a Internet. Estes tipos de oportunidades têm demonstrado aumentar o interesse nos campos STEM (Ciência, Tecnologia, Engenharia & Matemática) tanto quanto a tendência crescente entre os professores ensinarem *MOOC* (*Massive Open Online Courses*) usando IA.

Os benefícios desta abordagem são múltiplos: os estudantes podem ler as transcrições das conferências de um especialista e ouvir a sua voz em vez de verem um vídeo, enquanto os professores têm acesso a dados sobre o que estão a ensinar que anteriormente não estavam disponíveis. O interesse pela informática, por exemplo, significa mais matemáticos e codificadores para ajudar a desenvolver o futuro.

Um desafio fundamental é que, embora tenhamos muitos dados, a qualidade e a relevância podem variar muito. Para assegurar uma instrução personalizada, é fundamental fornecer aos alunos apenas o material de que necessitam para responder às suas perguntas. Isto requer um reconhecimento preciso do conteúdo, o que ajudará os professores a personalizar as aulas para cada aluno. Estas aulas estão a proliferar muito, mas também há muita confusão sobre o que a IA realmente significa para a educação hoje em dia.

A tecnologia emergente irá moldar as nossas futuras salas de aula, incluindo a realidade aumentada e algoritmos de aprendizagem de máquinas. A educação pessoal é a chave para desbloquear o potencial da nossa próxima geração e já está cada vez mais integrada, aumentado assim o potencial de inovação humana.

5.2. Os alunos sentem falta da interação com um professor humano?

É difícil colmatar as lacunas sociais entre aluno e instrutor, especialmente quando se trata do ensino online. A falta de ligações interpessoais pode ser dispendiosa para ambas as partes envolvidas no ensino. Sem capacidade de comunicar diretamente ou ver as expressões faciais um do outro, os instrutores são incapazes de impor qualquer tipo de disciplina aos seus alunos enquanto ensinam à distância e vice-versa; o que significa que algumas pessoas podem não levar um curso online a sério devido à sua incapacidade de funcionar corretamente sem a atenção total de todos os que se inscreveram, bem como possíveis falhas técnicas em vários intervalos ao longo da duração do processo de aprendizagem de cada um. Dito tudo isto: sim! Os alunos perderão definitivamente a oportunidade de ter aquelas interações pessoais em que se recebe feedback sobre o seu trabalho e poder ter esse diálogo com o seu instrutor.

A educação é a forma de as pessoas melhorarem a si próprias e serem capazes de proporcionar uma vida melhor às suas famílias. É essencial que encontremos formas de garantir que os estudantes não sejam prejudicados devido a esta mudança na educação da interação humana, mas sim, melhorar com ela.

A principal preocupação que temos em mãos é como assegurar que não estamos a perder a interação humana na educação. Como podemos utilizar a IA para a tornar mais pessoal e melhorar a vida das pessoas?

O sector da educação enfrenta muitos desafios nesta era de digitalização. Assim, embora ainda não substitua verdadeiramente os professores, a IA ainda irá tornar a educação um pouco mais agradável e melhorará a vida das pessoas quando usada em conjunto com a interação humana.

Qual é a sua principal preocupação com o estado da educação? Quanto mais e mais estudantes estiverem ligados às redes sociais, vídeos em fluxo contínuo, ou mesmo palestras de professores remotos através de cursos online, menos estarão numa sala de aula. Com a IA a ficar mais inteligente a cada dia e a proporcionar um diálogo interativo para os educadores terem com os seus alunos, há esperança de que possamos melhorar a vida das pessoas.

Como é que a inteligência artificial o pode ajudar nesta área? Uma ideia é que a IA poderia fazer comentários sobre tarefas importantes após o horário escolar sem ter de pagar horas extraordinárias a seres humanos vivos. Alternativamente, poderia também automatizar os métodos de classificação para que os professores não precisem de o fazer eles próprios após o horário escolar.

A seguinte preocupação é como assegurar que o conteúdo que está a ser ensinado num curso online seja ainda preciso enquanto se utiliza a IA como recurso para o processo de aprendizagem dos estudantes. Uma forma seria pedir a outros professores que revissem o material antes de este ficar disponível na sua plataforma. Outra forma seria ter uma pessoa na equipa que possa apoiar e monitorizar o progresso dos estudantes ao longo do seu curso.

Os professores são muito importantes neste novo mundo da educação e precisam de mais formação para que não percamos essas interações humanas com os nossos filhos durante os seus anos de formação. A IA ajudará os professores a tornar as aulas interativas, envolventes e personalizadas para os seus alunos. A IA também ajudará os educadores a acompanhar o progresso dos alunos e a dar um feedback mais individualizado a cada um deles, a fim de se certificarem de que estão no caminho certo.

A IA pode ser uma grande ferramenta, mas nem todos acreditam que ela deva substituir os professores ou assumir inteiramente as salas de aula.

Precisamos de encontrar mais formas de os alunos receberem uma mistura de interações humanas presenciais e não presenciais, ao mesmo tempo que recebem apoio da IA. Talvez seja altura de os educadores começarem a pensar em diferentes modelos, tais como a aprendizagem mista, que engloba tanto cursos online como presenciais.

E se usássemos a IA para tornar a educação mais pessoal? Imagine um mundo onde a educação seja adaptada às necessidades específicas de cada pessoa. Os professores são complementados por simulações personalizadas que o ajudam a aprender ao seu próprio ritmo e da forma que melhor se adapta a si, seja através da realidade virtual ou da realidade aumentada.

Como podemos utilizar a tecnologia de IA para melhorar a vida das pessoas, mantendo ao mesmo tempo os princípios de conceção centrados no ser humano? Avanços recentes na IA permitiram às máquinas aceder a algoritmos sofisticados programados com conhecimentos "semelhantes aos humanos", tais como a recordação de memória de factos de livros lidos durante a faculdade, o que sugere até onde este campo tem chegado desde o seu humilde começo a explorar programas de computador capazes de derrotar os mestres do xadrez. Até agora, estes feitos recentes foram alcançados por máquinas que ainda seguem padrões rigorosos e são capazes de fazer apenas o que sabem.

A vida das pessoas melhorará quando utilizarmos a tecnologia da IA para conceber uma educação adaptada a cada aluno e abordar a forma de manter os princípios de conceção centrados no ser humano como um equilíbrio durante a implementação da IA na experiência educacional.

Os princípios de conceção centrados no ser humano são importantes porque os algoritmos podem ser utilizados para orientar professores e alunos através de atividades, mas não devem substituir o elemento humano da educação. Em vez disso, estes algoritmos de IA devem ser concebidos como uma ferramenta que aumente o trabalho dos educadores quando este é mais necessário. Por exemplo, se um estudante se debate com uma tarefa ou questão, a IA pode ajudar a guiá-lo através de uma atividade. Além disso, os seres humanos têm a responsabilidade de estar conscientes dos dados que estão a ser recolhidos e de como serão utilizados para fins educativos. Por exemplo, se a informação sensível, como a raça ou religião constasse do boletim escolar, então esse estudante não deveria sentir-se embaraçado com isto porque os educadores deveriam estar conscientes em não partilhar este tipo de informação.

Em conclusão, os princípios de conceção centrados no ser humano são importantes porque garantem que a IA na educação é utilizada para melhorar a vida das pessoas, mantendo o equilíbrio entre os seres humanos e as máquinas.

5.3. Os estudantes sentirão a falta da interação com um professor humano?

Antes de mais, será importante referir o que é a aprendizagem mecânica. Esta é uma forma de IA em que os computadores utilizam dados para "aprender" por si próprios, de modo que quando se adiciona nova informação o computador aprenda com ela sem ser pré-programado para este conjunto específico de conhecimentos. Isto significa que podem ser criados robôs para realizar tarefas sem intervenção humana.

Isto irá perturbar o sistema educativo, uma vez que o ensino tem agora menos a ver com a transmissão de conhecimentos e mais com a ajuda aos estudantes para aprenderem a aprender. As escolas podem ser transformadas em centros de experimentação, nos quais os professores são libertados do ensino e têm tempo para trabalhar de perto com os alunos individualmente à medida que dominam os conceitos, verificando a sua compreensão e certificando-se de que compreenderam os princípios subjacentes.

A IA pode ser utilizada para criar tutoriais personalizados que personalizem cursos com base nas necessidades dos alunos, eliminando a repetição para aqueles que dominaram o material ou apanhando-os mais rapidamente se precisarem dele.

À medida que a tecnologia avança, a procura de professores está a diminuir e os alunos perguntam será que vamos sentir falta de interagir com um professor humano? Devido a estas evoluções, temos um dilema se os alunos sentirão ou não falta na interação com um professor humano. A resposta a este dilema varia de uma pessoa para outra. Por exemplo, um estudo mostrou que uma quantidade esmagadora de adultos em idade universitária prefere os professores à tecnologia, pois acreditam que estes lhes permitem mais liberdade e proporciona um contacto mais estreito do que os assistentes de ensino quando comparados lado a lado. Por outro lado, outro estudo sugere que um em cada quatro futuros caloiros universitários prefere um curso online porque não é necessário ir ao campus. Os outros três preferem aulas tradicionais, pois oferecem mais oportunidades do que os seus colegas virtuais. Além disso, a maioria das faculdades adotaram o que se chama aprendizagem mista, que combina tanto aulas em sala de aula conduzidas por professores como aulas online ensinadas remotamente a partir de instrutores através de videoconferência ou sessões de gravação áudio.

Este cenário alinha-se bem com a investigação atual, indicando que a interação entre estudantes pode ser benéfica ou prejudicial, dependendo dos objetivos dos estudantes. Mas, muitas vezes, revela-se menos importante quando comparado com o tempo que se passa a estudar fora da sala de aula.

Os estudantes seriam ou não capazes de fazer amigos tão facilmente nas aulas se substituíssemos professores humanos por professores virtuais? A ideia pode parecer ridícula para as pessoas que já tenha passado pelo liceu pois sabem que é impossível não ter pelo menos um amigo neste ambiente, já que é suficientemente propício para fazer amizades ao longo de todos os níveis de ensino e níveis de capacidades! Mas será o mesmo para os estudantes desta geração?

Os alunos nas salas de aula distraem-se facilmente com os telemóveis ou plataformas de redes sociais durante o horário escolar.

Muitas pessoas questionam-se se um futuro com salas de aula conduzidas por IA estará cheio de conversas e risos. Embora isto ainda seja desconhecido, o consenso parece inclinar-se para o não. Um dos argumentos mais comuns para os professores humanos nas escolas é que eles também prestam atenção individual e ajudam os alunos a construir competências interpessoais que não são aprendidas com um professor virtual. No entanto, deve notar-se que há casos em as aulas com professores virtuais foram mais bem-sucedidas do que as lideradas por humanos. No entanto, em geral, só podemos ver o que pode acontecer quando confrontados com uma mudança tão dramática como a instalação de robôs em todas as salas de aula, mas todos os sinais apontam para que sim: a interação dos estudantes diminuiria tremendamente de tal forma que alguns argumentam, mais uma vez, a favor de sistemas de apoio de professores apenas para que as coisas não fiquem fora de controlo.

Pode estar a perguntar: Porquê? Qual é a necessidade desta mudança no sistema educativo e quais são os benefícios da utilização da IA? A resposta, como acontece com a maioria das coisas, reside nos dados. Nos últimos anos descobrimos que os robôs podem ajudar não só a ensinar os estudantes, mas também a recolher informação valiosa sobre a forma como aprendem, acompanhando o seu progresso e adaptando-se às suas necessidades individuais, o que, em última análise, leva a que os estudantes tenham mais sucesso. É natural muitas pessoas estarem preocupadas que, se um robô estiver a ensinar os estudantes, então eles irão sentir falta da interação humana. Contudo, isto poderia ser melhor para alguns estudantes com necessidades e deficiências específicas, porque os robôs podem fazer coisas como certificar-se de que não há ruído de fundo, pelo que funcionaria bem para aqueles que têm problemas de processamento auditivo ou outros tipos de deficiências auditivas.

Portanto, suponhamos que a IA assumiu o ensino de todos os nossos filhos e eles são capazes de aprender com ela: quais seriam alguns dos benefícios que esta transição traria? Em primeiro lugar, os professores poderiam concentrar-se em ajudar os estudantes que necessitam de atenção extra devido a deficiências de aprendizagem.

Embora muitos estejam hesitantes em aceitá-lo, o futuro da educação reside na tecnologia. Será que os alunos sentirão falta de interagir com um professor humano? Em alguns casos sim, mas não por muito tempo.

Acreditamos que as interações entre os seres humanos são importantes e mesmo que não haja ninguém em casa ou no trabalho, as redes sociais podem preencher temporariamente essas lacunas até que alguém se torne novamente disponível.

Estamos agora na era dos computadores e passamos à aprendizagem a partir destes ecrãs. Com mais de dois terços das salas de aula a utilizar o tempo do ecrã para fins de aprendizagem, será que os alunos vão perder uma parte vital da sua educação: interação com professores humanos? Os laboratórios de aprendizagem podem fornecer uma parte vital da educação que os estudantes perdem quando não têm uma interação humana com os professores. Nestes laboratórios, há a possibilidade de um indivíduo trabalhar um a um e falar com alguém sobre a sua aprendizagem. Seremos capazes de trabalhar em problemas difíceis, discutir métodos de resolução de problemas, e ter discussões sobre o conteúdo do curso. Proporciona uma oportunidade aos estudantes de encontrarem essas lacunas nos seus conhecimentos e de as preencherem. Os estudantes precisam deste tipo de interação com outros para se sentirem como se estivessem no caminho certo. É também necessário que sejam capazes de interagir com outros que se debatem ou se destacam nas mesmas turmas que eles, porque isso pode dar-lhes uma nova perspetiva sobre os seus pensamentos.

Os alunos têm sempre uma reação mista à ideia de ter um professor de IA. Alguns estudantes estão entusiasmados porque podem aprender a qualquer momento e em qualquer lugar, mas a maioria sente que isso lhes vai tirar uma das suas partes favoritas sobre a escola: interagir com outras pessoas e amigos nas aulas que podem não estar disponíveis após a graduação ou mesmo aos fins-de-semana.

Não é uma pergunta fácil de responder. Por um lado, todos nós conhecemos os benefícios de um professor humano: prestam atenção individualizada e ajudam os alunos que precisam mais do que os outros; são capazes de vigiar todos de uma só vez na sala de aula sem depender da tecnologia. Mas também há algo sobre estar puramente imerso num assunto através de vídeo que não pode ser rivalizado por qualquer outro meio, especialmente para os jovens sem experiência prévia ou exposição antes de iniciarem o ensino secundário! Depende realmente do que se quer da sua educação, bem como se se tem suficiente auto motivação (ou capacidade de procrastinação), uma vez que algumas aulas requerem agora menos trabalho dos seres humanos, mas ainda envolvem uma colaboração de grupo significativa, tal como trabalhos de escrita online onde os colegas criticam o trabalho uns dos outros.

Os nossos alunos ainda se lembram dos bons velhos tempos de escola, quando tinham um professor que falava com eles e lhes dava uma atenção individualizada? Parece haver uma correlação entre o empenho como estudante na sala de aula e o seu nível de sucesso ou interesse identificados mais tarde. Quanto mais tempo os professores passam a falar sobre os tópicos em vez de apenas darem respostas curtas, as crianças absorvem-no melhor do que se não houver qualquer interação de um adulto. Isto é especialmente importante para as crianças cujas competências linguísticas podem ainda não estar suficientemente desenvolvidas, onde elas próprias não podem ler tudo e ter alguém a falar diretamente proporciona o apoio necessário para que estas crianças não fiquem frustradas e não desistam da sua aprendizagem.

O que significará se perdermos estas interações? O professor humano, em qualquer cenário, ajuda a fomentar o crescimento e o desenvolvimento social das crianças através de interações de um-para-um e permitem-lhes aprender a um ritmo mais rápido do que se estivessem apenas a ver um vídeo ou a ler um livro. Se perdermos estas interações com os professores, significa que os alunos passarão mais tempo à frente de ecrãs e menos tempo a aprender com o melhor recurso que temos: outros humanos.

Será que os nossos filhos vão crescer sentindo-se menos ligados socialmente ou serão capazes de lidar com isso sem que alguém à sua volta lhes diga constantemente o que deveriam estar a fazer? Parece ser uma pergunta difícil de qualquer maneira. Para começar, se os alunos não tiverem qualquer contacto direto com os seus professores (ou qualquer outra pessoa), como irão aprender as competências sociais e a inteligência emocional?

Se os estudantes não tiverem qualquer hipótese de interagir com os seus professores, isto afeta a forma como aprendem as capacidades de conversação e a inteligência emocional. Alguns especialistas acreditam que a melhor maneira de abordar esta questão seria utilizar a tecnologia para permitir aos estudantes e professores comunicar remotamente. Desta forma, os estudantes têm a oportunidade de interagir com o seu professor e ainda beneficiam de uma lição virtual. No entanto, este nível de tecnologia tem também alguns inconvenientes. Uma grande preocupação é que os estudantes podem carecer de competências sociais porque não têm de interagir fisicamente com outras crianças ou adultos, o que pode levar a problemas no futuro quando chegar a altura de encontrarem e manterem um emprego.

O lado negativo é que a falta de interação humana pode levar a uma diminuição da inteligência emocional bem como das capacidades de conversação de alguns estudantes. Isto pode também resultar num aumento do risco de *cyberbullying* e de dificuldades de saúde mental porque as pessoas são privadas de interações sociais que lhes permitem libertar o stress ou encontrar conforto.

Há muitos benefícios e desvantagens desta nova forma de ensino, mas o mais importante é que ela poderia perturbar a educação tal como a conhecemos, alterando a forma como as pessoas aprendem as competências de conversação e a inteligência emocional. Então, qual é a solução? Isso depende a quem se pergunta, mas parece que a tecnologia da educação tem surgido com algumas ideias. De facto, já existem várias escolas na Finlândia onde as crianças não interagem com os professores e, no entanto, parecem estar a ir muito bem.

Alguns sugeriram que este poderia ser o futuro das salas de aula sem educação. O conteúdo educacional é entregue via computador e os professores estão disponíveis para ajuda ou orientação quando necessário, mas não interagem com os alunos no dia-a-dia. Mas algumas pessoas discordam: é impossível substituir um ser humano que possa responder em pessoa sobre o que se passa na sua vida.

Parece que há prós e contras em ambas as opções: seria melhor manter a interação entre humanos, ou deveríamos deixar as crianças aprenderem através da IA?

A primeira coisa que pode surgir é a preocupação com a privacidade. Muitas pessoas preocupam-se com quem será dono dos seus dados se usarem a IA. Um argumento é que as empresas proprietárias dos dados terão o monopólio da informação e o poder sobre os seus clientes, o que poderá levar a discriminação ou fraude. Tem-se argumentado que isto poderia ser evitado assegurando que todos os conhecimentos das pessoas são propriedade comum: se todos são seus proprietários, então ninguém pode controlar o que se sabe.

Há também receios de que a IA seja tendenciosa. Se os dados forem recolhidos de um grupo de pessoas, podem não representar bem outro grupo. Isto pode levar a uma falta de empatia por esses grupos e impedir-nos de aprender como podemos melhorar diversas comunidades e ambientes onde todos os tipos de pessoas vivem juntas. Para evitar isto, alguns argumentam que as empresas deveriam ser obrigadas a ter os seus dados recolhidos em partes iguais de todos os grupos de pessoas, para que sejam mais representativos.

Por outro lado, as pessoas precisam de ligações humanas e sentirem que têm um amigo ou alguém na sua vida que se preocupa com elas e que não tem outra coisa na sua agenda senão assegurar-se de que são felizes. Se a sociedade elimina toda a sua interação social, então os humanos podem não ser capazes de crescer sentindo-se socialmente ligados, porque quando um indivíduo não interage com outros, tende a ter menos hipóteses de essas ligações serem feitas.

A única constante na vida que nunca mudou é a necessidade de comunicar e ligar-se uns com os outros como humanos; seria devastador para todos nós se isto desaparecesse. E sim, e mais importante ainda, perderão a oportunidade de construir uma ligação genuína uns com os outros.

Em conclusão, as pessoas precisam de ser capazes de ter interação humana para que sintam que que o seu trajeto de aprendizagem seja mais enriquecedor.

5.4. Uso da IA para detetar depressão nos estudantes

5.4.1. Detetar depressão através do tom de voz

Os cuidados de saúde mental são uma área difícil de estudar, com muitos fatores que trazem confusão tornando o diagnóstico e tratamento difíceis, mas à medida que a tecnologia avança, torna-se mais fácil para os investigadores encontrarem novas formas de estudar doenças mentais, a fim de melhor as compreender e tratar.

Devido à natureza sensível da saúde mental, é muitas vezes difícil para as pessoas com depressão poderem partilhar os seus sentimentos. No entanto, existem muitas formas diferentes de detetar os sintomas usando a IA a fim de proporcionar cura e apoio às pessoas que sofrem desta doença. Uma forma seria utilizar as capacidades de reconhecimento de voz de uma aplicação de um telemóvel, que permite aos especialistas estar de prevenção 24 horas por dia, 7 dias por semana, caso necessitem de ajuda durante tempos difíceis ou mesmo antes do seu humor começar a piorar.

A IA é capaz de detetar a depressão através da análise da voz, que tem o potencial de ajudar os professores e outros profissionais da saúde mental a tomar decisões mais informadas sobre os seus alunos.

Estamos sempre à procura de formas de melhorar a saúde e o bem-estar dos nossos filhos, por isso faz sentido querermos que eles sejam diagnosticados mais rapidamente possível se tiverem alguma doença mental como a depressão ou ansiedade, especialmente antes de essas condições se agravarem para algo maior.

A tecnologia da IA pode detetar mudanças de humor no tom de voz de uma pessoa utilizando software que analisa as mudanças de volume, tom e cadência entre sílabas faladas por indivíduos que sofrem de ansiedade ou depressão. Estes sistemas de deteção baseados na IA podem ter enormes implicações para os educadores que procuram apoiar aqueles que têm estas condições, bem como facilitar aos pais que cuidam de crianças que lidam com estas questões em casa.

A IA percorreu um longo caminho ao longo dos anos. Hoje em dia, pode não só reconhecer o que se diz, mas também dizer quando há algo de errado baseado na forma como se está a dizer as coisas. O programa de IA foi desenvolvido no MIT (*Massachusetts Institute of Technology*) onde esperam que isto funcione melhor do que os métodos atuais, porque estes geralmente dependem de autorrelatos que podem tornar as pessoas menos dispostas a revelar os seus sentimentos ou admitir qualquer coisa sobre si próprias que possa mostrar fraqueza.

A IA tem a capacidade de detetar a depressão através da voz. Esta é uma forma nova e inovadora de oferecer ajuda aos estudantes, que muitas vezes estão demasiado assustados ou embaraçados para falar pessoalmente da sua saúde mental. A IA pode ser capaz de ajudar os estudantes, mas ainda não é uma solução perfeita. Isto também pode ser benéfico para os adultos, pois pode ajudá-los a permanecer produtivos e felizes no trabalho ou na escola até serem capazes de obter o tratamento adequado através de uma visita médica.

Um estudo recente concluiu que a IA poderia ser utilizada como uma ferramenta eficaz na deteção de sinais destes tipos de perturbações do humor apenas analisando a forma como alguém fala ao longo do tempo na sua chamada telefónica com a Siri ou Alexa.

A IA pode agora ser utilizada através de mensagens de texto, conversas de e-mail, plataformas de redes sociais como o *Facebook Messenger* e o *Whatsapp* para identificar sinais de depressão utilizando análise linguística através de software de deteção de tom que analisa coisas como frases emocionais (por exemplo, não sei o que fazer), ou frases-chave que estão frequentemente associadas a doenças mentais, tais como "lamento" e "nada de bom acontece" ou ainda a utilização de frequência (ou seja, não há mais nada).

Adicionalmente, uma equipa de investigação encontrou uma forma de identificar sintomas de transtorno depressivo grave em apenas dez minutos de discurso gravado pelos pacientes, abrindo possibilidades incríveis e sem precedentes para os cuidados de saúde mental em todo o mundo. Os investigadores utilizaram algoritmos baseados em redes neurais profundas, sistemas informáticos modelados após tecido nervoso biológico para analisar padrões tanto no conteúdo verbal como nas variações no tom, volume ou mesmo pausas entre palavras que os seres humanos geralmente não notam conscientemente, mas que são suficientemente indicativos. Estes algoritmos foram capazes de diagnosticar com sucesso os níveis clínicos de depressão entre os participantes que tinham sido clinicamente diagnosticados noutro local.

Imagine um futuro onde os professores possam obter comentários em tempo real através da análise do tom de voz dos seus alunos. Isto permitir-lhes-ia identificar melhor os estudantes com depressão e fornecer uma ajuda mais direcionada para cada indivíduo no momento perfeito, de modo a ter um impacto no desempenho académico.

Imagine nunca ter um professor a dizer-lhe que não há nada de errado, quando todos os sinais indicam que provavelmente há! Imagine obter apoio externo antes que algo tão grave como o suicídio ocorra; imagine saber que tipo de terapia poderia ser mais benéfica, mas não ser capaz de falar sobre isso ou admitir que se pode precisar de qualquer tipo de assistência porque a sociedade nos diz que devemos "esconder".

Os peritos em saúde mental estão preocupados que a IA esteja mais inclinada a diagnosticar as pessoas que não sabem que têm a doença e a diagnosticar em demasia as que têm casos mais leves. Além disso, esta nova agitação poderá levar muitos estudantes de meios socioeconómicos baixos sem acesso à terapia ou a consultas de aconselhamento a um desespero mais profundo à medida que estes serviços se tornam inacessíveis devido à falta de financiamento, uma vez que o dinheiro está a ser desviado para a implementação dessa tecnologia.

Por exemplo, os investigadores da Universidade de Stanford estão a utilizar a IA que foi treinada através da análise do humor e processamento da linguagem natural, para prever se um estudante pode estar a experimentar sintomas relacionados com distúrbios de saúde mental, como ansiedade ou episódios depressivos. A IA funciona detetando mudanças minúsculas na forma como as pessoas falam, tais como o seu tom e velocidade com que falam, tudo isto enquanto procuram variações do que pode ser considerado "normal". Até agora, tem mostrado uma taxa de exatidão de 87% na identificação correta de casos em que alguém estava a sofrer sintomas de ansiedade quando comparado com o diagnóstico clínico feito por médicos humanos que foram questionados independentemente sobre cada caso (77%).

É importante também nós, seres humanos, reconhecermos os sinais. Se pensa que alguém pode estar a debater-se com a sua saúde mental, deve tomar nota das mudanças de comportamento. Por exemplo, se normalmente são extrovertidos, mas de repente se tornam introvertidos ou começam a ser mal-educados com outras pessoas, isto pode significar que algo está errado e é altura de falar.

5.4.2. Detetar depressão através da expressão facial

A tecnologia de reconhecimento facial está a ajudar as escolas a identificar estudantes que sofrem de problemas de saúde mental como depressão, ansiedade e outras condições que podem ser provocadas por experiências de aprendizagem problemáticas e devido a desafios educativos. Esta tecnologia, que comprovadamente deteta alterações no humor das pessoas com doença de Alzheimer, pode agora ajudar a analisar o rosto de um estudante para sinais subtis que podem não estar a lidar bem com os desafios educativos. A expressão facial pode mostrar o estado de espírito e as emoções de uma pessoa, pelo que esta nova tecnologia ajudará as escolas a monitorizar mais de perto o bem--estar dos estudantes. A única desvantagem é que o aplicativo ainda precisa de uma atualização porque ainda não funciona com todos os pigmentos de pele, o que significa que uma pessoa de qualquer raça pode ser mal identificada devido à sua etnia, se não introduzir informações pessoais antes de fazer o teste.

Esta tecnologia tem sido implementada como um instrumento de intervenção precoce para escolas com populações estudantis em dificuldades, a fim de prevenir novos efeitos negativos na sua saúde mental e nos resultados académicos.

O software não só proporciona às administrações escolares um meio de rastrear potenciais casos através da análise dos rostos dos alunos, mas também lhes permite o acesso precoce à melhor forma de apoiar tais indivíduos nos estabelecimentos de ensino, dando aos professores e outros membros do pessoal a oportunidade de fazer o que for possível, enquanto as doenças mentais não se agravam.

Uma das formas mais significativas de reduzir os níveis de depressão nas escolas é através da inclusão de atividades e intervenções psicoeducacionais em currículos que promovam a autoconsciencialização, crenças pessoais, relações sociais, entre outros aspetos críticos da saúde mental. Há muitos estudos baseados neste efeito que mostram que os estudantes que participaram em tais programas tiveram notas significativamente mais altas no *Beck Depression Inventory* do que os que não o fizeram. Esta intervenção demonstrou ser uma forma bem-sucedida de gerir a depressão e deve continuar a ter o seu lugar no nosso sistema educativo.

O *Beck Depression Inventory* (BDI, BDI-1A, BDI-II), criado por Aaron T. Beck, é um inventário de 21 perguntas de múltipla escolha, um dos testes psicométricos mais amplamente utilizados para medir a gravidade da depressão. O seu desenvolvimento marcou uma mudança entre os profissionais de saúde mental, que até então tinham visto a depressão numa perspetiva psicodinâmica, em vez de esta estar enraizada nos próprios pensamentos do paciente.

A ideia por detrás das intervenções psicoeducacionais é que dá aos estudantes uma oportunidade, no seu próprio tempo, espaço e ritmo, de explorar o modo como se sentem e pensam sobre si próprios.

A saúde mental é uma questão importante que necessita da nossa atenção e esta nova tecnologia ajudará os professores a ter uma ideia de qual poderá ser o problema de cada aluno, para que possam trabalhar em conjunto como uma equipa para resolver estas questões mentais.

5.5. Como ajudar os alunos que têm fraco aproveitamento escolar e desistem da aprendizagem

No passado, muitos educadores diriam que estas crianças não estão a ser suficientemente desafiadas pelos seus professores e pelo trabalho escolar. Outros podem argumentar que a má educação parental é uma das principais causas de baixos rendimentos e abandono escolar.

Há muitas razões pelas quais os estudantes têm aproveitamento escolar fraco quando se trata de aprender. Pode ser que o aluno não esteja numa boa turma com um professor capaz, ou que o aluno possa ser inibido por deficiências ou situações familiares. Existem formas eficazes de combater estes problemas. Por exemplo, os professores podem fazer coisas como encorajar a participação na aula e atribuir trabalhos de casa extra, se necessário.

Exploremos uma das causas fundamentais que é a falta de motivação entre os alunos. Mesmo que o aluno tenha um mentor capaz e grandes capacidades de ensino, não terá tanto sucesso sem motivação. Penso que existem dois tipos principais de motivação que a maioria das pessoas precisa para ter sucesso: a motivação intrínseca e a motivação extrínseca. Digamos que estamos a falar de crianças. A motivação intrínseca viria de dentro da criança, coisas como estar curioso sobre algo ou gostar de aprender. São movidas pelo seu próprio prazer e sentimentos de realização. A motivação extrínseca vem de fatores externos como a pressão dos pais, recompensas por realizações (exemplo, notas), castigos por insucesso (exemplo, detenção).

Penso que a forma mais eficaz de aumentar a motivação é combinando os métodos e utilizando uma variedade de técnicas. Os professores podem usar coisas como "aprendizagem lúdica", onde incorporam jogos ou puzzles nas aulas para torná-las mais interativas e ao mesmo tempo fornecer informação. Outro método chama-se "mestria". Os alunos podem receber perguntas de domínio que são difíceis, mas que podem ser respondidas. Se conseguirem acertá-las, isso dá-lhes uma sensação de realização e a sua motivação é aumentada.

Como podemos garantir que as crianças não são deixadas para trás ou excluídas das oportunidades de aprendizagem devido a limitações socioeconómicas? Penso que há duas formas de assegurar que as crianças não sejam deixadas para trás ou excluídas das oportunidades de aprender devido a limitações socioeconómicas. A primeira forma é desenvolvendo uma abordagem sistémica que assegure que todas as crianças tenham acesso a uma educação de qualidade, incluindo as que vivem na pobreza. Isto incluiria a concessão de bolsas de estudo para o ensino superior, bem como o fornecimento de recursos para os estudantes que demonstrem um talento significativo. A segunda forma é através da criação de um ambiente educativo com estilos e ambientes de ensino diversos. As escolas precisarão também de políticas de campo aberto para que os estudantes não sintam que a sua escola é apenas um local de negócios e não possam andar por aí sozinhos sem supervisão.

Quais são as causas principais do insucesso e do abandono escolar no ensino secundário? O abandono escolar não é um fenómeno novo. Historicamente, tem sido um problema durante séculos e em muitos países. Só nos Estados Unidos, há mais de 5 milhões de estudantes que abandonaram o ensino secundário e não possuem um diploma de ensino secundário (Censos Americanos). Este número não contabiliza aqueles que abandonaram o ensino secundário antes de atingirem o 12º ano ou aqueles que nunca frequentaram o primeiro ano. Por este motivo, a investigação de práticas eficazes para evitar o abandono escolar nas escolas secundárias é da maior importância.

Nos Estados Unidos, existem dois tipos de abandono escolar que são responsáveis pela maioria deste fenómeno. O primeiro é o absentismo crónico em que as crianças não frequentam ou vêm às aulas de forma consistente e o segundo é o afastamento das escolas que acontece quando os alunos se retiram completamente devido a várias questões como o *bullying* (Centro

Nacional de Prevenção de Abandono Escolar). Está provado que práticas efetivas revertem o absentismo crónico, o que é mais bem-sucedido quando existem programas que fornecem aos alunos apoio social e emocional. O afastamento das escolas não se tem mostrado tão eficaz porque ocorre frequentemente por uma série de razões (por exemplo, o *bullying*). Foram desenvolvidos programas especificamente destinados a evitar o abandono escolar, concentrando-se tanto na frequência crónica como no abandono escolar, incluindo alguns que se têm mostrado eficazes.

A educação tem sido um foco principal na maioria dos países em todo o mundo e isto não é diferente para a América. A necessidade de melhorar os padrões educacionais é primordial, pois todos sabemos que aqueles que não são academicamente bem-sucedidos irão lutar socialmente, economicamente e culturalmente ao longo das suas vidas. A implementação de orientação escolar e práticas tutoriais ajuda as escolas a atingir os seus objetivos em áreas como a alfabetização e a numeracia, permitindo-lhes fornecer instrução individualizada aos estudantes que estão a passar por dificuldades com estas matérias ou o apoio adicional de professores que podem ajudar as crianças em dificuldades onde for necessário.

Em relação à Europa, o abandono escolar é principalmente o resultado de alunos cronicamente ausentes. Em resposta, os países europeus concentraram-se na prestação de apoio emocional e social a estes estudantes, ao mesmo tempo que desenvolveram iniciativas no local de trabalho para jovens desadaptados, a fim de evitar o absentismo crónico.

As escolas não estão equipadas com recursos adequados ou membros do ensino que possam prestar os serviços necessários para fazer face às taxas de abandono escolar no ensino secundário. A fim de reduzir estas taxas, as escolas devem fornecer aos estudantes que lutam na escola o apoio adequado de que necessitam e contratar professores que serão capazes de satisfazer as suas necessidades (por exemplo, tutoria individual).

É primordial a necessidade de boas práticas em matéria de orientação escolar e ações tutoriais para ajudar as escolas a enfrentar o baixo rendimento escolar, bem como o abandono escolar precoce. As escolas são confrontadas com desafios contínuos de números elevados que abandonam após o seu primeiro ano de escolaridade sem quaisquer qualificações ou mesmo completando um período escolar completo. Esta é uma das questões mais prementes que o sistema educativo enfrenta atualmente e precisamos de tomar medidas proactivas para o enfrentar de frente. Desta forma, pode ser atribuído mais tempo para aqueles que o necessitem sem afetar outras turmas. Isto não só permitirá às escolas alcançar melhor os seus objetivos, mas também poupar dinheiro.

A orientação individual e orientação escolar são duas componentes essenciais do programa tutorial de uma escola. Estas práticas ajudam os estudantes a adaptarem-se ao seu novo ambiente, a aprenderem sobre as regras em vigor, bem como a socializarem com os seus pares que possam não estar familiarizados com outros contextos. Além disso, estes sistemas podem ajudar os educadores, fornecendo-lhes informações valiosas sobre a melhor forma de ensinar as necessidades individuais dos alunos para cada nível de ensino ou tamanho de turma, a fim de combater as baixas taxas de aproveitamento que afligem atualmente muitas escolas em muitos locais de todo o mundo.

As escolas devem fazer mais do que apenas concentrar-se no sucesso académico dos seus alunos, prestando também atenção aos aspetos sociais e culturais da educação. A incorporação destas práticas tem demonstrado progressos significativos nos últimos anos, o que significa que se está no bom caminho para atingir padrões de educação de alta qualidade nas escolas de hoje.

Como tentar solucionar? Comecemos por analisar como a IA pode ajudar as escolas nas taxas de abandono escolar na escola primária. Será a mesma coisa para os outros graus de ensino?

A IA tem sido apontada como uma solução potencial para muitos problemas que existem hoje em dia nos sistemas de educação em todo o mundo. Decidimos igualmente explorar como a IA pode ser utilizada para reduzir a taxa de abandono escolar nas escolas secundárias.

Penso que uma forma pela qual a IA poderia ajudar a reduzir a taxa de abandono escolar é melhorando a gestão das salas de aula, outra forma é melhorando a comunicação com alunos e pais, fornecendo recursos para alunos em dificuldades, e muito mais. Outro benefício potencial da utilização da tecnologia da IA como meio de combater o abandono escolar pode ser a sua capacidade de prever quais os alunos em risco de desistir. Além disso, penso que a IA pode ser usada para monitorizar o desempenho e comportamento dos alunos nas aulas sem a necessidade de uma presença humana.

Recentemente, especialistas reconheceram as máquinas de ensino como uma solução possível para ajudar nesta questão; contudo, continua a haver muito debate sobre se as máquinas de ensino irão ou não substituir os professores humanos e que linhas éticas devem ser traçadas.

Os laboratórios de ensino começaram a explorar como utilizar a nova tecnologia da IA na educação, que tem sido aclamada como uma solução possível para estudantes com baixos resultados que lutam com métodos mais tradicionais como a escola pública ou o ensino em casa. Uma vez que os educadores exploraram esta opção, levantam-se muitas questões.

Qual é o papel das máquinas de ensino na redução do insucesso escolar? Os defensores argumentam que estas tecnologias podem ajudar as crianças a aprender e a empenhar-se na sua própria educação. Contudo, outros estão preocupados com o que a IA fará ao trabalho dos professores tradicionais quando for aceite como um substituto para educadores ou assistentes humanos. Professores, pais e estudantes estão preocupados com o papel das máquinas de ensino na redução do insucesso escolar. Os defensores argumentam que estas tecnologias podem ajudar as crianças a aprender e a empenhar-se na sua própria educação. Contudo, outros preocupam-se com o que a IA fará ao trabalho dos professores tradicionais quando for aceite como um substituto para educadores ou assistentes humanos.

Os professores, pais e alunos precisam de estar conscientes das potenciais armadilhas que a IA pode apresentar. Como irá esta mudança afetar os métodos tradicionais de ensino? Será possível uma máquina prestar tanto cuidado e atenção como um professor humano o faria? Haverá alguma forma de os governos se certificarem de que os seus estudantes estão a receber uma educação de qualidade? O Fundo Internacional das Nações Unidas para a Infância (UNICEF) estima que há pelo menos 250 milhões de alunos que não têm a oportunidade de frequentar uma escola secundária. À medida que o mundo se torna mais avançado tecnologicamente, é possível que uma máquina preste tanto cuidado e atenção como um professor humano o faria. Contudo, para que isto seja bem-sucedido, é importante que haja alguém a supervisionar o processo, a fim de assegurar que as máquinas estejam a funcionar corretamente.

Nas últimas décadas, tem havido muitos dispositivos mecânicos que estão a ser utilizados nas salas de aula. Por exemplo, quadros brancos interativos e computadores que permitem aos alunos participar em atividades práticas durante as suas aulas. A ideia por detrás destas máquinas é manter as crianças envolvidas na aula, sem que seja necessário o envolvimento de um professor humano.

Foram implementadas políticas governamentais por vários países a fim de assegurar que os seus cidadãos estejam a receber a melhor qualidade de vida possível e um nível adequado de desempenho escolar. Por exemplo, a China criou testes padronizados que são exigidos para a graduação da escola primária, bem como um exame escrito de admissão à faculdade nacional. O problema com estas políticas é que nem todos os estudantes têm o mesmo nível de capacidade académica, pelo que alguns estudantes são incapazes de cumprir os requisitos estabelecidos pela política do seu país.

Os governos precisam de pensar sobre isto antes de tomarem a decisão. Se os governos quiserem reduzir o abandono escolar, então é necessário que haja mais financiamento e recursos para as escolas que fornecem apoio aos alunos em dificuldades. As escolas também precisam de melhor comunicação entre professores, pais e educadores, bem como de uma melhor gestão da sala de aula.

Uma das formas de os governos se certificarem de que os seus estudantes estão a receber uma educação de qualidade é colocando ênfase na educação da comunidade. Os benefícios são que: incentiva os pais a matricularem os seus filhos na escola e reduz a quantidade de crianças que estão fora da escola. Outro benefício é que ajuda a proporcionar estabilidade financeira para as famílias com crianças em casa.

A fim de ajudar os alunos a terem sucesso na sala de aula, os governos podem proporcionar programas gratuitos de pequeno-almoço e almoço. Estes programas são uma ótima forma de as crianças se concentrarem no trabalho escolar e aprender mais eficazmente. Os benefícios destes serviços incluem menos ausências dos alunos devido à fome, bem como um melhor desempenho na sala de aula. Outra forma de os governos se certificarem de que os seus alunos estão a receber uma educação de qualidade é através da implementação nas escolas de um programa de desenvolvimento infantil precoce. Isto permite que as crianças estejam prontas para a escola e ajuda-as a desenvolver competências importantes, tais como a forma de comunicar com outros ou utilizar a tecnologia. O governo também pode ajudar a que estes programas sejam bem-sucedidos, fornecendo um professor qualificado para cada aluno.

Estas são apenas algumas das formas pelas quais os governos podem assegurar que os seus alunos recebem uma educação de qualidade.

A ideia da IA na educação é aproveitar os pontos fortes desta e deixá-la representar os interesses, objetivos e progresso de um estudante. Atualmente, as empresas estão a realizar ensaios na China para explorar como isto funcionaria. Uma empresa chamada *DeepGlint* passou os últimos anos a estudar como a IA poderia ser usada para ensinar estudantes com níveis mais baixos. A empresa concentra-se especificamente no ensino de competências especializadas como linguagens de programação para aqueles que necessitam de ajuda com matemática ou inglês.

O *DeepGlint* está a usar a IA para ajudar os estudantes no seu curso de inglês, mas estão também a estudar outras línguas que podem ser ensinadas com o uso da IA. Encontraram sucesso no ensino de linguagens de programação.

A educação com a IA tem ajudado com sucesso os estudantes mais fracos, ao proporcionar lições personalizadas adaptadas ao que lhes interessa.

A vantagem competitiva da IA na educação é que pode atuar como um tutor pessoal para estudantes com competências mais fracas em inglês ou matemática. Universidades de todo o mundo estão a usar a IA para ajudar a ensinar os seus estudantes de forma mais eficiente, e continuam a competir contra outras universidades por terem uma compreensão mais profunda da aprendizagem humana.

O ensino de IA é uma aprendizagem adaptativa que ajuda cada aluno a compreender melhor os conceitos e a encontrar os seus pontos fortes e fracos muito mais rapidamente.

CAPÍTULO 6:
A Inteligência Artificial na Educação Especial

A inteligência artificial tem o potencial de ajudar as pessoas com necessidades especiais? Com tantos avanços recentes na IA, é difícil imaginar que haja um campo de população que não tenha sido afetado por esta nova tecnologia. O mundo nunca conhecerá estas maravilhas enquanto não dermos à Inteligência Artificial a sua oportunidade para ajudar as pessoas com necessidades especiais.

Uma forma de a IA ajudar as pessoas com necessidades especiais é ajudando-as a utilizar os mais recentes e mais avançados dispositivos tecnológicos. Isto permite os invisuais, as pessoas que têm dificuldades de audição ou mesmo surdos, assim como as que têm problemas de mobilidade devido a paralisia por doença ou lesão, terem mais facilidade de comunicar através desta tecnologia. Além disso, as pessoas com desordem do espectro do autismo (ASD), lesões cerebrais traumáticas tais como vítimas de AVC que causam síndrome de trancamento também serão capazes de comunicar mais facilmente através de tecnologia adaptada apenas para eles. Existem muitas aplicações interessantes para a IA neste campo, incluindo software de reconhecimento de imagem e de reconhecimento de voz que pode ser aproveitada para ajudar pessoas com necessidades especiais. O mundo da IA está a mudar a forma como as pessoas vivem as suas vidas. Descobriu-se que a IA pode ajudar com deficiências auditivas e outras deficiências que lhes dificultam a fala. A forma de ajudar é através obtenção de informações como software de conversão de texto em fala, aplicações de tradução de linguagem gestual, e mesmo dispositivos que enviam vibrações através da sua mão quando tem dificuldades em falar. Deste modo, as outras pessoas entendem o que estão a tentar dizer, tornando as suas conversas mais acessíveis.

A IA já está a fazer a diferença para as pessoas com deficiência na sua vida quotidiana, por exemplo, desde ler livros escolares em voz alta para cegos e fornecer livros em cassete para aqueles que são analfabetos ou deficientes auditivos.

Num futuro próximo, a IA será capaz de ajudar as pessoas com todo o tipo de deficiências. Por exemplo, a IA pode detetar sinais não verbais e pausas na fala que podem indicar se alguém precisa de assistência. É importante para a sociedade como um todo, defender em nome daqueles que podem não ter voz ou recursos.

6.1. Deficiências auditivas

Para as pessoas com deficiência auditiva, pode ser difícil comunicar com os outros. Os aparelhos auditivos ajudam a amplificar as suas vozes e a facilitar a sua compreensão com outras pessoas, contudo, não abordam o problema subjacente que é o facto de os indivíduos surdos terem dificuldade em perceber as ondas sonoras num ambiente ruidoso, como no trabalho ou nos transportes públicos.

Há inúmeras possibilidades de como a IA poderia ser usada como auxílio e recurso para pessoas que sofrem de deficiências auditivas como surdez ou zumbido: software de leitura labial automática, programas de reconhecimento de voz concebidos especificamente para ajudar pessoas não-verbais, serviços de tradução que podem transcrever a fala em mensagens de texto e vice-versa. A IA já está a ser utilizada para criar sistemas de navegação baseados no som para pessoas surdas ou com problemas auditivos. Por exemplo, estas aplicações poderiam ajudar os indivíduos a encontrar o seu caminho em lugares desconhecidos, ao mesmo tempo que fornecem informações importantes sobre o ambiente que de outra forma passariam despercebidos por eles, tais como as saídas de emergência e alarmes de incêndio. Além disso, foram feitos estudos sobre como a IA pode ajudar a melhorar as capacidades de leitura das crianças com deficiência auditiva, melhorando a exatidão da pronúncia quando leem em voz alta a partir de texto apresentado num tablet. Isto permite a estas crianças sentir que fazem parte da conversa, o que aumenta a autoestima e melhora as oportunidades de socialização ao mesmo tempo que desenvolvem o vocabulário.

Esta tecnologias de IA poderiam ajudar os indivíduos que vivem ou trabalham isolados a comunicar melhor através de software de tradução de linguagem gestual combinado com a tecnologia de reconhecimento de voz, bem como o serviço de retransmissão de vídeo (VRS). Como o VRS permite aos intérpretes de locais remotos interpretar o que alguém diz usando a sua própria voz enquanto assina e fala em nome dos clientes, os utilizadores surdos podem ler os lábios durante as conversas através de serviços de videoconferência como o Skype. Além disso, permite aos utilizadores surdos falarem livremente durante tais conversas transmitindo as suas palavras através de um intérprete.

Os deficientes auditivos podem agora ter a capacidade de ver e ouvir graças a um sistema baseado em computador. Embora isto não seja exatamente uma investigação inovadora, dá esperança àqueles com necessidades especiais que querem mais independência na comunicação com os outros.

6.2. Deficiência visual

As pessoas invisuais têm uma longa história de utilização de outros sentidos para compensar a sua falta de visão. A IA pode ajudá-los a fazer exatamente isso, falando, identificando e interpretando sons do ambiente a fim de fornecer informações precisas sobre o que se passa à sua volta.

Muitas pessoas que usam aparelhos para a cegueira experimentarão por vezes um fenómeno chamado "ver através dos seus ouvidos". Serão capazes de saber quando há algo de errado porque podem não ter ouvido nada de um ou outro lado, o que lhes causa alguma dificuldade com a mobilidade e a consciência espacial. Esta condição pode levar as pessoas afetadas por este tipo de deficiência a situações perigosas sem saberem o quão perto se aproximariam de um obstáculo sem pedir ajuda, por exemplo, na berma de uma escada, etc., mas felizmente, um novo trabalho a ser feito com a IA poderia criar alertas auditivos de modo que, assim que estes indivíduos tenham consciência de que alguém se está a aproximar por trás (ou em qualquer outra direção), então serão capazes de reagir adequadamente.

O uso da IA para ajudar aqueles com necessidades especiais é um esforço inestimável. Por exemplo, imagine uma pessoa cega ser capaz de utilizar os serviços de navegação a partir do seu telefone porque foi treinada por outro indivíduo que vê e compreende melhor o que seria visto em diferentes ruas durante várias horas do dia ou da noite.

Imagine um mundo onde a tecnologia pudesse ajudar pessoas com necessidades especiais. E se tivéssemos dispositivos que pudessem ler texto em voz alta e prestar assistência aos cegos?

A IA já está a ser utilizada em tecnologias de assistência a idosos, tais como aparelhos auditivos inteligentes que se ajustam automaticamente em função da localização ou dos níveis de ruído. E não se trata apenas de dispositivos de leitura, que um dia poderão ser capazes de digitalizar imagens de livros e convertê--las em ficheiros áudio para que sejam acessíveis aqueles que não conseguem ver. Estas inovações podem parecer distantes, mas os cientistas de todo o mundo têm trabalhado arduamente para tornar isto possível o mais cedo possível.

Imagine um mundo em que os deficientes têm igual oportunidade de serem membros produtivos da sociedade. E se houvesse tecnologia que pudesse ajudar os invisuais a ler livros, a cozinhar o jantar e até mesmo a ver a cara dos seus entes queridos? A IA pode fazer todas estas coisas por aqueles que têm necessidades especiais e permitir-lhes-ia levar uma vida mais independente sem ter sempre outra pessoa com eles.

A IA já foi utilizada para criar uma aplicação que permite às pessoas com deficiência utilizar um telemóvel sem a necessidade de capacidades áudio, detetando movimentos das suas mãos ou cabeça e convertendo-os em cliques nos botões do ecrã.

Tal como qualquer pessoa, todos nós temos os nossos desafios. Enquanto alguns de nós podem não ver tão bem como outros ou precisar de assistência em locais de passeio, os estudantes de educação especial com deficiência enfrentam frequentemente um conjunto diferente de obstáculos do que os seus pares. A fim de ajudar estes indivíduos a terem sucesso na escola e aprenderem sobre si próprios, ao mesmo tempo que satisfazem as necessidades de outras crianças que requerem mais atenção devido a questões de saúde mental, tal trabalho é importante porque ajuda os professores a compreenderem melhor os planos de aprendizagem individualizados que, em última análise, também os beneficiarão.

A IA já é utilizada de muitas maneiras, inclusive como tradutor para pessoas com deficiências auditivas ou que não sabem falar inglês ou outro idioma. Qual é o próximo passo? Fazer um dispositivo alimentado por IA que traduzirá dados tácteis de braille em palavras faladas para que as pessoas invisuais possam ouvir o que estão a ler.

Algumas destas tecnologias incluem a *Voicebox* do Laboratório de Interação da *University College London* (UCL) que transforma a fala em texto para que os utilizadores não tenham de digitar mensagens com uma letra de cada vez no ecrã do seu telemóvel, utilizando letras em braille. Outro exemplo seria o Google Lente, uma nova aplicação de pesquisa visual do Google que reconhece o que se está a ver e traz informação relevante através do seu sistema de lentes de câmara para telemóveis!

As pessoas com necessidades especiais como a cegueira têm frequentemente de ultrapassar muitos obstáculos na sua vida diária. A IA pode ajudar estas pessoas, dando-lhes voz e ajudando-as a encontrar informação ou a navegar pelo mundo à sua volta para que possam viver de forma mais independente, o que é importante tanto para a saúde mental como para sua segurança. Assim como, proporcionar-lhes uma educação mais enriquecedora.

CAPÍTULO 7:

A Inteligência Artificial pode fazer todo o processo de Educação sem humanos

A inteligência artificial está a tomar conta da educação. A IA pode realizar todo o processo sem assistência humana. Muitas pessoas pensam que a inteligência artificial é algo saído de um filme de ficção científica, mas a verdade é que está de facto a acontecer neste momento. Um exemplo seria a IA ser capaz de fazer todos os processos humanos na educação e formação, criando cursos inteligentes personalizados para estudantes. Por exemplo, a utilização de dados de resultados de testes anteriores e desempenho dos alunos em tarefas como a compreensão da leitura ou problemas de matemática pode criar planos de aula individualizados baseados em informações sobre o que cada pessoa mais necessita de ajuda de acordo com as suas próprias capacidades. Este tipo de sistema de aprendizagem adaptativa cria uma indústria onde todos recebem instrução especializada adaptada especificamente para eles, o que significa que cada nível de aluno tem igual acesso a material didático de qualidade, ao mesmo tempo que se desafia a si próprio apenas ao ritmo perfeito de que necessita, devido apenas a algumas perguntas de autoavaliação dadas antes de começarem a trabalhar no curso. Para que estes tipos de sistemas funcionem, precisam de muita informação detalhada sobre cada pessoa que o utiliza, para que o sistema possa monitorizar constantemente e fornecer comentários sobre o desempenho.

Imagine um futuro onde a IA tome o lugar dos professores e educadores, formando pessoas para serem mais eficientes nas suas profissões. Imagine como teria sido se tivesse sido ensinado por um computador interativo em vez do seu professor de liceu ou professor universitário. Com o poder de algoritmos de autoaprendizagem que são constantemente atualizados com novas informações, podem ensinar todos os aspetos desde a ciência à matemática sem qualquer contributo humano.

Há muitas pessoas que acreditam que a IA será em breve capaz de desempenhar todas as tarefas associadas ao processo educativo, tais como classificar documentos e dar palestras.

Este processo pode ser visto como uma espada de dois gumes.

Como irão os nossos filhos prosperar no futuro, quando não tiverem professores para os liderar? Muitos acreditam que os nossos filhos irão conseguir prosperar no futuro quando não tiverem professores para os liderar. O ensino "mais livre" está a tornar-se popular nas melhores escolas do mundo. Este é um exemplo de como os alunos podem aprender sem um professor. São capazes de se deslocar e descobrir o que querem no seu tempo livre com pessoas como treinadores, mentores ou conselheiros que os orientem, caso seja necessário. Pode não ser para todos, mas desta forma as crianças terão mais independência quando se trata da sua própria educação. Por exemplo, se uma criança quiser aprender a cozinhar, pode visitar a cozinha com alguém que tenha conhecimentos culinários. Para algumas crianças pode ser difícil fazerem isto por si próprias sem qualquer orientação, mas as escolas continuarão a existir noutros ambientes, como online ou em casa. Há muitas opções diferentes e cabe aos pais e às crianças decidir o que querem. No entanto, este ensino mais livre pode não ser tão eficiente e eficaz como parece do exterior. Num estudo sobre o ensino mais livre descobriu-se que o envolvimento e a aprendizagem eram muito melhores quando havia um professor presente.

A escola é um lugar onde a sua inteligência pode ser aproveitada e cultivada, mas o que acontece se as escolas não existirem mais?

As implicações desta nova tecnologia podem ter efeitos devastadores na sociedade se não for abordada o mais depressa possível. Por um lado, pode proporcionar oportunidades de acesso fácil e instantâneo a informação e entretenimento que não era acessível antes do advento da Internet. Mas, por outro lado, as crianças passam mais tempo em frente aos ecrãs do que deveriam passar, o que tem efeitos prejudiciais no seu desenvolvimento intelectual durante o tempo que deveria ter sido anos de formação. Algumas consequências imprevistas poderão apenas se manifestar anos mais tarde se os alunos não desenvolverem a inteligência no tempo devido e, consequentemente, nunca conseguirão recuperar o atraso. Como equilibrar estes dois pontos de conflito? Sabemos que é provável que muitos alunos estejam a passar por uma fase de transição difícil e necessitem de orientação neste ponto crucial das suas vidas. Os professores e pais terão que estar atentos a esta transição impactante na vida dos estudantes de modo que a transição seja o mais gradual e menos traumatizante possível, não esquecendo de ajudar as crianças a desenvolverem o mais cedo possível a inteligência mental com oportunidades de educação fora das salas de aula ou outras aprendizagens, tais como brincarem no parque ou a lerem livros.

Parece que todos os dias há algo sobre o que poderia acontecer quando começamos a substituir professores por robôs para a experiência de aprendizagem dos nossos filhos. Tem havido alguma resistência sobre este assunto, contudo pesquisas recentes mostram um resultado interessante: as crianças podem estar melhor a ter as suas lições ensinadas através de IA do que através de aulas dadas pelo ser humano, graças ao aumento das taxas de envolvimento, ao mesmo tempo que reduzem quaisquer potenciais níveis de tédio.

Não sei o que sinto sobre esta perspetiva devido à minha própria experiência pessoal no meio académico, que se centra em grande parte na interação humana. No entanto, tem havido uma tendência recente para as instituições educacionais investirem mais dinheiro em projetos de investigação sobre IA, pelo que parece inevitável que a dada altura veremos menos seres humanos nos estabelecimentos de ensino.

A educação será em breve uma coisa do passado. A IA pode desempenhar todos os aspetos, desde os documentos de classificação até ao fornecimento de comentários e informação aos estudantes, sem qualquer interferência humana. As máquinas estão a assumir os nossos empregos a um ritmo alarmante, mas é uma fronteira que tem estado em grande parte intocada, mas não será para sempre.

A presença cada vez maior da IA no mundo à nossa volta representa novas ameaças e oportunidades que afetam tudo, desde os mercados de trabalho humano até às salas de aula. Como irão os alunos aprender quando a escola já não conseguir pagar aos professores porque os sistemas de IA os substituíram completamente como instrutores a tempo inteiro enquanto os robôs assumem tarefas como a classificação e o planeamento de aulas?

CAPÍTULO 8:
A Inteligência Artificial e a ética na educação

Q uais são as preocupações éticas da inteligência artificial na educação? Esta é uma questão que tem vindo a ser debatida há anos. As capacidades da IA têm melhorado significativamente com o tempo, mas não sem alguns inconvenientes. Com o desenvolvimento da IA, muitas pessoas estão preocupadas com as questões éticas.

A IA não só mudou a forma como fazemos e pensamos sobre educação, como também nos proporciona uma oportunidade de abordar algumas das nossas preocupações éticas mais prementes. A ideia de que a IA pode substituir os professores tem algum mérito, mas também pode haver um problema potencial para os estudantes e para o seu processo de aprendizagem se isto também acontecer, porque eles não teriam qualquer forma de interação com outra pessoa fora de si mesmos, o que poderia prejudicá-los academicamente ou socialmente, uma vez que não teriam a perspetiva de ninguém.

Surgem preocupações sobre o efeito destes desenvolvimentos na sociedade em geral, incluindo como educamos os nossos filhos durante os seus anos formativos: desde a escola primária até à formação a nível universitário em disciplinas STEM, isto é, como em Ciência, Engenharia, Tecnologia e Matemática. Um sistema com enfoque na IA não dará prioridade ao fomento da criatividade ou pensamento flexível nos seus alunos, no entanto, estas são as aptidões necessárias para resolver os desafios mais complexos que enfrentamos hoje, desde técnicas de mitigação das alterações climáticas até à conceção de tecnologias avançadas para indústrias emergentes como as energias renováveis.

Estes desenvolvimentos indicam também que podemos estar a entrar numa era em que uma das grandes preocupações sobre a IA é que, num sistema centrado nela, os professores possam não ser capazes de ensinar criatividade ou capacidades de pensamento flexível porque se estão a concentrar mais no ensino de algoritmos. A IA é um sistema educativo que ensina os estudantes a pensar como um computador quando se trata de matemática e ciência. Os computadores podem completar este tipo de tarefas exponencialmente mais depressa do que os humanos, o que levou os educadores de toda a América a explorar se a IA deve ser incorporada também no seu currículo. Estaremos nós a robotizar os nossos estudantes? Isto exigirá que repensemos as formas tradicionais de ensino, tornando-as mais criativas sobre o que ensinamos aos estudantes e indo além da simples construção de currículos baseados apenas em novas tendências tecnológicas.

A ética da utilização da IA como instrumento educativo acarreta muitas incertezas. Uma questão pode surgir se não soubermos quais os valores que a IA irá transmitir ao pensamento dos estudantes, isto pode acontecer quando os instrutores de robótica dão instruções com preconceitos sobre demografia, tais como grupos minoritários ou mulheres. Isto porque estas máquinas podem captar preconceitos dos seus criadores em qualquer momento do processo de construção antes de serem libertadas para os consumidores que agora dependem apenas deles para maiores necessidades de aprendizagem, devido principalmente a uma menor exposição a outras fontes. A maior preocupação é que um robô possa não ser capaz de ensinar como os humanos devem pensar. Além disso, alguns acreditam que pode ajudar os estudantes a aprender mais rapidamente, mas outros questionam se isto irá substituir completamente os professores.

A ética da IA na educação também se tornou um tópico importante para os decisores políticos de todo o mundo, à medida que lutam para compreender se as máquinas de ensino podem substituir os professores humanos ou mesmo complementá-los. Esta é ainda uma questão que necessita de muito trabalho para ser resolvida, uma vez que levanta a questão: "Que linhas éticas devemos traçar?"

Para que a inteligência artificial possa melhorar a educação na nossa sociedade, é necessário, em primeiro lugar, que haja investigação sobre como estes instrumentos podem fornecer informação e instrução imparciais para que não estejam a ensinar com preconceitos. Os educadores precisam de estar conscientes do papel que estes instrumentos desempenham nas suas salas de aula e de como estão a ser utilizados para instrução, pois é possível que estejam a criar um padrão duplo se os únicos recursos de IA disponíveis forem tendenciosos ou preconceituosos em relação a certos aspetos demográficos. Em segundo lugar, as escolas devem oferecer mais cursos sobre a IA para que os professores e os alunos possam compreender melhor as possibilidades.

Em terceiro lugar, as escolas deveriam proporcionar a todos os estudantes a oportunidade de criar os seus próprios programas de IA para que estejam cientes de como estes instrumentos funcionam a um nível básico e para onde poderemos ir no futuro com eles. Por último, os educadores precisam de ser cautelosos na introdução de demasiados dispositivos de alta tecnologia nas salas de aula sem considerar o seu impacto pedagógico.

Adicionalmente, qual é a métrica mais relevante para avaliar o desempenho dos estudantes: as suas notas ou quanto aprenderam? As máquinas inteligentes devem ser capazes de classificar os exames a partir de agora? Devemos confiar nos computadores para fazer tudo e deixá-los tomar estas decisões? E o que é que isto significaria para os professores das escolas?

Quais são as suas ideias sobre a IA nas escolas? Será que a partir de agora precisamos de seres humanos a supervisionar computadores?

Há anos que os educadores debatem o que deve ser utilizado para avaliar os alunos: notas e testes de quociente de inteligência (QI) feitos por um professor no final do período, ou se a inteligência das máquinas pode substituir completamente os professores humanos. Algumas pessoas acreditam que assim que tivermos computadores suficientemente inteligentes, deixará de ser necessário os humanos os supervisionarem. Então, acha que a IA tornaria os professores virtuais melhores do que os professores normais?

E se, em vez de serem os professores a fazerem os exames, fosse o computador? Isto seria benéfico ou não para o aluno? A inteligência artificial terá um impacto no ensino, na classificação e no desempenho dos alunos. Os professores estão a aproveitar esta oportunidade para serem criativos no seu planeamento de projetos inovadores que ensinam aos estudantes sobre a colaboração entre humanos e máquinas enquanto analisam dilemas éticos nestes novos ambientes onde as inteligências artificiais tomam decisões baseadas em conjuntos de dados em vez de apenas no julgamento humano. Os estudantes precisam de ser encorajados a pensar criticamente antes de poderem tornar-se aprendizes proactivos que antecipam a automatização futura, à medida que ultrapassamos as perturbações digitais em direção à digitalização em escala.

A investigação sobre IA e ética na educação está a crescer, uma vez que os educadores estão cada vez mais a usar a IA para os ajudar a ensinar. Por exemplo, através da análise de dados dos estudantes, como resultados de testes ou notas, com a ajuda de técnicas de aprendizagem de máquinas, tais como algoritmos de processamento de linguagem natural que criam "modelos preditivos" para os estudantes com base na sua história podendo utilizar esta informação para conceber planos de instrução personalizados. Esta abordagem automatizada provou ser eficaz na melhoria das taxas de retenção, enquanto algumas preocupações permanecem sobre as suas capacidades de ensino, para além da alfabetização e da matemática.

O futuro da IA, da ética e da educação é complicado. Os cientistas interrogam-se se devemos deixar esta tecnologia assumir a liderança no ensino dos estudantes. Muitos pais com filhos em casa, podem não querer colocar o conhecimento dos seus filhos nas mãos de um algoritmo que pode tornar-se desatualizado ou corrompido por influências externas, como anunciantes que podem tentar influenciar a quantidade de informação a que um jovem estudante tem acesso. O papel dos pais será sempre importante, pois para que os seus filhos possam ser imersos na IA, há que contar com o apoio dos pais, já que ainda se sente muita desconfiança latente.

A ideia subjacente à utilização da IA como ferramenta de aprendizagem de novos tópicos pode ser rastreada há décadas, quando a investigação começou com a teoria computacional, que explicava algumas formas como os computadores eram capazes de aprender com a experiência através da experimentação sem serem explicitamente programados acerca de quais as soluções que deveriam encontrar com base nos dados de entrada que lhes eram introduzidos.

O argumento ético em torno da questão de saber se os seres humanos devem renunciar ao controlo da aprendizagem de novos tópicos advém do facto de muitas pessoas recearem que se não tivermos controlo sobre o que os nossos filhos estão a aprender, então as empresas empurrarão o que lhes é conveniente para os jovens aprendizes.

Mas e as considerações éticas quando se trata de como a IA será utilizada pelos educadores? Por exemplo, se as escolas fornecem serviços como programas de tutoria online através de um *chatbot*, será que a utilização de tais recursos significa que negligenciam a sua responsabilidade como professores?

Os cientistas estão a tentar descobrir se a IA deve ser responsável pelo ensino dos estudantes, e alguns pensam que poderia conduzir-nos a uma nova era para a Humanidade onde teremos a IA autoconsciente e que pode ensinar de forma independente. Teremos apenas de ver o que acontece.

O futuro parece brilhante, em parte porque os cientistas estão a trabalhar no desenvolvimento de tecnologias de IA com apoio ético para não ficarem fora de controlo quando os seus sistemas se tornaram mais sofisticados do que os humanos. Alguns dizem que isto pode não acontecer de todo, uma vez que as máquinas podem nunca assumir os trabalhos humanos devido a limitações como a falta de criatividade, sentidos limitados (por exemplo, visão), etc...

CAPÍTULO 9:
Qual é o conhecimento que necessitamos: estático ou dinâmico

U m dos maiores desafios que vemos hoje em dia é a ideia que as pessoas têm dos bons velhos tempos, quando as coisas eram mais fáceis e mais simples. Mas afinal, os bons velhos tempos nem sempre foram tão bons. Na realidade, podem nem sequer ter existido! A questão é que precisamos de parar de glorificar o passado porque a vida nunca foi fácil para ninguém em qualquer outra época.

O conhecimento estático não é suficiente. Não podemos limitar--nos a conhecer os factos, precisamos de usar o que sabemos para pensar por nós próprios e encontrar a verdade no nosso mundo. É por isso que, em vez de estarmos satisfeitos com uma vida inteira de recolha de informação, estamos constantemente a tentar avançar para novas formas de pensar que desafiarão o nosso conhecimento atual.

O problema do conhecimento estático é que demasiadas pessoas deixam de aprender quando sentem que atingiram um ponto suficientemente bom na sua compreensão do mundo. Tiram o conhecimento que está disponível e não se preocupam em explorar mais.

Muitas vezes tomamos o conhecimento estático como garantido, quando o que realmente precisamos é de conhecimento dinâmico. O conhecimento estático é apenas informação que não muda. O conhecimento dinâmico é a informação que muda e continuará a mudar à medida que novas descobertas forem sendo feitas e novos avanços tecnológicos forem surgindo. A diferença importa porque sem conhecimento dinâmico, as pessoas não se podem adaptar e crescer com o seu ambiente, estão presas num só lugar enquanto tudo à sua volta muda rapidamente. O conhecimento dinâmico é a única forma de se manter à frente da curva.

Como é que sabemos o que é verdade? Qual é a melhor forma de obter conhecimento sobre o mundo que nos rodeia e mais além? A resposta não é o conhecimento estático. O conhecimento estático é útil, mas não é suficiente. Precisamos de uma compreensão dinâmica de todas as facetas da vida e da sociedade a fim de progredirmos nos nossos maiores desafios. É por isso que os futuristas são importantes, eles ajudam-nos a refletir sobre como as novas mudanças tecnológicas, sociais, ou ambientais irão afetar o futuro. Precisamos de saber como o nosso conhecimento irá afetar a sociedade, e o que podemos fazer com ele.

Para que possamos ter a compreensão dinâmica que é necessária neste mundo de constante mudança e inovação, precisamos tanto de educadores como de aprendizes que estejam dispostos a ultrapassar a sua zona de conforto, que tenham a mente aberta para novas ideias que nunca encontraram antes, e que estejam dispostos a assumir riscos na exploração de novos territórios de conhecimento.

O conhecimento é apenas a entrada para o pensamento. Não pensamos até sermos educados e termos sido expostos ao conhecimento, mas e se todos nós pudéssemos simplesmente nascer com uma compreensão completa de tudo? Como seriam então as nossas vidas? Não pareceriam mais simples do que nunca, como se sempre se soubesse como as coisas funcionam sem o ter aprendido em primeira mão com a experiência ou com as palavras de outra pessoa?

Acredito que o conhecimento deve ser um instrumento para pensar, e não um fim em si mesmo. O conhecimento deve ser utilizado por nós para que possamos procurar constantemente a verdade; em vez de ser algo estático.

Numa época em que a informação está tão disponível, sinto que é mais importante do que nunca ter um equilíbrio de conhecimento e uma autoeducação contínua. Vivemos num mundo onde a informação é abundante estando a afogar-nos em dados, mas faltam-nos as ferramentas para dar sentido a tudo isto. O problema não é que não haja conhecimento suficiente, mas sim que o nosso conhecimento é estático e fragmentado.

9.1. Cognição aumentada

Neste capítulo, vamos explorar como a cognição aumentada irá mudar a forma como pensamos e aprendemos. Cabe-nos a nós, como indivíduos, se queremos ou não abraçar novas formas de pensar sobre nós próprios e o mundo à nossa volta. Mas e se abraçar estas novas formas significasse conseguir entrar no nosso próprio passado? E se pudéssemos saber tudo o que alguma vez existiu sobre alguém na Terra? Como sentimos o mundo que nos rodeia? Quais são algumas formas através das quais a cognição aumentada vai mudar a forma como pensamos e aprendemos sobre nós próprios, o nosso ambiente, e aqueles que o habitam connosco?

Há muitos benefícios, tanto pessoais como societais, que vêm com a integração da cognição aumentada na nossa vida quotidiana.

Como é que a cognição aumentada funciona? É um novo campo na ciência que procura descobrir o que acontece quando os seres humanos estão ligados a dispositivos digitais, tais como computadores e telemóveis. A cognição aumentada também estuda como esta conectividade afeta a aprendizagem e o pensamento no século XXI. Quando se está ligado, isto permite que os seres humanos partilhem informação mais rápida e facilmente do que poderiam sem estarem ligados a outras pessoas ou máquinas. Teoricamente, isto ajudar-nos-á a aprender mais rapidamente porque seremos capazes de partilhar o que sabemos com outros em tempo real. Uma das partes mais importantes sobre cognição aumentada é que já não se trata apenas de uma teoria, já existem hoje muitos dispositivos no mercado que permitem aos seres humanos ligarem-se e partilharem informação mais rapidamente do que nunca. Por exemplo, os *iphones* têm aplicações como a Siri, que permitem que as pessoas façam perguntas e recebam respostas apenas por falar com os seus telefones. Outra aplicação para o aumento da cognição é o *Google glass*. É um dispositivo que pode ser usado como óculos, mas tem um ecrã adicional na lente para que as pessoas possam aceder facilmente à informação ou fazer perguntas enquanto olham para o que está mesmo à sua frente, em vez de terem de tirar o telefone e olhar para ele.

9.1.1. Como a cognição aumentada irá mudar a educação e a alfabetização

A cognição aumentada é um ramo da IA que, ao contrário de outros campos da IA, se concentra na utilização simultânea da IA para resolver problemas e da IA humana para o fazer. É uma área de estudo em que os cientistas estão a utilizar a inteligência artificial para acelerar a quantidade de conhecimentos e dados disponíveis para os seres humanos.

Os cientistas começaram a explorar técnicas de como isto pode ser feito. Estas técnicas incluem o aproveitamento de redes sociais e jogos de vídeo, assim como ferramentas digitais como quadros brancos interativos e dispositivos móveis.

Esta integração pode ser vista a muitos níveis: desde a sala de aula até aos alunos individuais. Contudo, para que esta integração aconteça com maior frequência, terá de ocorrer de uma forma que não restrinja ou interrompa as formas naturais de aprendizagem dos seres humanos. Esta forma de melhoria cognitiva é o processo de utilização da tecnologia digital para melhorar o funcionamento do cérebro, tipicamente através de um computador ou dispositivo móvel/app. A cognição aumentada tem o potencial de aumentar vastamente a capacidade intelectual humana, em contraste com o modelo tradicional onde se precisava de aprender e memorizar informação para se alcançar o domínio num campo.

Existe um enorme potencial para usar na educação com ferramentas como o *Google glass* para dar aos estudantes a informação de que necessitam, quando precisam. Não se trata apenas de lhes dar o que eles querem, mas, mais importante ainda, o que eles precisam de saber.

A ideia da cognição aumentada tem sido explorada há mais de 30 anos, mas só recentemente vimos o seu início, nas salas de aula e nas casas, com dispositivos como quadros brancos interativos e tecnologia móvel a tornarem-se comuns na sala de aula.

A integração da cognição aumentada é algo que certamente continuará a crescer e influenciar à medida que a tecnologia continua a avançar, pode mesmo tornar-se uma parte natural da forma como pensamos e aprendemos, mudando as salas de aula e as escolas para as gerações vindouras.

Estas ferramentas de melhoria cognitiva podem também ser úteis em áreas como a compreensão da leitura e o trabalho multitarefa.

Mas e as crianças com deficiência? Como irá isto mudar a forma como elas aprendem e interagem nas salas de aula? Esta é uma questão que muitos educadores colocam, especialmente porque é verdade que a tecnologia tem sido utilizada há muito tempo para ajudar os indivíduos a ultrapassar os desafios cognitivos. Os educadores podem querer ter uma ideia de como a cognição aumentada pode ser aplicado de uma forma que não crie barreiras à aprendizagem para os estudantes com deficiência. Esta é uma questão importante, e que os educadores já começaram a explorar porque somos todos indivíduos que aprendem de forma diferente uns dos outros. A análise de como a cognição aumentada pode ser integrada nas salas de aula tem sido difícil, mas necessária. Uma coisa que estes educadores determinaram é que, para integrar a cognição aumentada na sala de aula, terá de ser feita sem quaisquer barreiras adicionais para as pessoas com deficiência.

Como a utilização da cognição aumentada pode levar a novas conceções de inteligência e criatividade: a forma como aprendemos e o que significa ser humano estão a mudar rapidamente. A IA, a aprendizagem de máquinas, as interfaces cérebro-computador, são uma pequena parte da lista de tecnologias de melhoramento cognitivo.

A cognição aumentada é a mais recente fronteira no desenvolvimento da neurotecnologia que tem potencial para aumentar enormemente a capacidade intelectual humana com a tecnologia digital, como computadores ou dispositivos/apetrechos móveis. Com a capacidade da cognição aumentada para nos tornar mais inteligentes do que nunca, como é que isto irá mudar as nossas conceções de inteligência? Como é um futuro onde os seres humanos têm acesso ilimitado à informação?

Não podemos prever o futuro, mas o aumento da cognição é uma tendência que continuará a crescer nos próximos anos. Pelo que sabemos até agora sobre este campo de estudo emergente, as pessoas que são competentes na utilização destas tecnologias serão capazes de pensar de forma diferente daquelas que não as utilizam regularmente.

No futuro, estas técnicas permitirão que a cognição aumentada se torne parte integrante da educação e alfabetização, de tal forma que mude a forma como aprendemos, pensamos, testamos o conhecimento e retemos a informação para a aprendizagem ao longo da vida. Estas ferramentas de melhoria cognitiva já estão a ser integradas em salas de aula em todo o mundo; esta integração está a acontecer gradualmente porque os educadores estão a considerar cuidadosamente como integrar a cognição aumentada de uma forma que não seja perturbadora para as formas naturais de aprendizagem das pessoas.

Em resumo, a integração da cognição aumentada na educação com a IA para efeitos de aprendizagem digital deverá ser uma verdadeira mudança. Ajudará tanto os educadores como os estudantes, fornecendo um currículo personalizado, respondendo às necessidades individuais, e encorajando a criatividade entre os alunos. O futuro sucesso dos nossos filhos pode depender da forma como tirarmos partido destas novas tecnologias.

CAPÍTULO 10:
O futuro da Educação

Que tipo de futuro aguarda os nossos filhos quando a IA for integrada no sistema educativo? Bill Gates, numa recente entrevista na página *Quartz* (qz.com), disse que "não compreendo porque é que algumas pessoas não estão preocupadas", e tem razão em estar preocupado. Já sabemos quanta tecnologia pode mudar os métodos de aprendizagem dos estudantes, tornando-os mais práticos através da realidade virtual ou de aplicações de realidade aumentada como o *Google Expeditions.*

A desvantagem da IA nas escolas é que poderia limitar a criatividade e as capacidades de pensamento crítico. Será difícil para a mente humana competir com um computador quando nos depararmos com toda esta tecnologia.

A IA tem demonstrado ser mais eficiente do que os tutores humanos. Como resultado, as Escolas Públicas de Chicago começaram a utilizar a IA para o ensino e educação matemática. Dos 88% dos professores inquiridos concordaram que também iriam aprender melhor com um tutor de IA.

Existe uma IA concebida para responder a perguntas. O assistente aprende em tempo real com os contributos de pessoas ou respostas dadas no passado sobre tópicos semelhantes. Pode mesmo determinar se é apropriado que alguém faça a pergunta com base na sua idade, sexo, etnia, etc., juntamente com a identificação de quaisquer conflitos potenciais na sua base de dados de informação que possam estar relacionados com esse tópico, dando mais opções, bem como sendo capaz de fornecer um comentário preciso relativamente às escolhas feitas, se as respostas forem corretas ou não tão corretas. Isto acontece enquanto aprende o que está a ocorrer à nossa volta.

10.1. A educação em 2030

O futuro é agora e a aprendizagem nunca foi tão personalizada ou acessível. O tumulto estará no seu auge à medida que mais pessoas se vão apercebendo de como a IA irá perturbar a educação em 2030. E com o entendimento de que estamos todos numa linha temporal diferente, cada pessoa pode trabalhar em conjunto para criar uma experiência educacional personalizada.

Em 2030, haverá uma necessidade de ainda mais empregos em áreas relacionadas com a STEM. Isto pode ser através de formação académica ou centrada na carreira que são ambas oferecidas por instituições e programas online como *Udacity* e *Khan Academy*, respetivamente. Já assistimos a um aumento das ofertas de emprego com um crescimento superior a 550% só de 2012 a 2014, por isso imaginem quantas oportunidades teremos à medida que o tempo for avançando! As licenciaturas em ciências informáticas, engenharia, matemática ou outro assunto com grande ênfase nas áreas de STEM serão as licenciaturas de futuro. Isto não é necessário para posições de análise de dados, mas ajuda certamente a ter-se licenciado numa área relacionada com a descrição do trabalho.

Com o avanço da educação tecnológica tornar-se-á tão simples como carregar num interruptor com sistemas de realidade aumentada como o *Google glass* a ser utilizado para digitalizar objetos no seu ambiente e fornecer informação instantânea sobre os mesmos que talvez não tenha conhecido antes. Mas a educação não para por aí! Podemos ter aulas online de algumas das mais prestigiadas universidades gratuitamente através do *iTunes U*, onde podemos aprender desde a mecânica quântica até à evolução, tudo sem nos levantarmos do sofá.

O rápido progresso para um mundo mais conectado tecnologicamente tem muitos educadores a perguntarem-se o que vai acontecer à sua profissão e como se podem preparar para o que vai acontecer. Estamos no cume entre duas eras, uma que compreende o passado com professores, enquanto se ensinam os alunos sobre as lições de ontem, e outra com os alunos de amanhã a aprenderem de forma diferente.

O sistema de ensino modernizado irá fornecer uma variedade de ferramentas para os alunos utilizarem a seu próprio tempo, bem como em qualquer lugar onde exista uma ligação à Internet. O mundo acabou de ficar mais pequeno! Com as aulas online qualquer pessoa pode aceder a uma instituição de renome mundial a partir da sua sala de estar ou em viagem utilizando uma aplicação. À medida que cada vez mais pessoas acedem à informação através da Internet, são capazes de aprender ao seu próprio ritmo. Como resultado desta acessibilidade, a aprendizagem personalizada tornou-se tanto comum como acessível para um mundo cada vez mais conectado.

Em 2030, o mundo será um lugar muito diferente. O que as instituições educativas atuais não oferecem, como a aprendizagem personalizada e as propinas acessíveis pode agora ser facilmente acedido em linha com apenas alguns cliques no rato. É, por isso, que é tão importante que os estudantes se mantenham atualizados sobre as competências que são hoje em dia exigidas, tanto pelos empregadores como pelos mercados de trabalho em todo o mundo.

Pensa que cerca de metade de todos os professores do ensino secundário vão perder os seus empregos devido ao ensino online? Alguns dizem que sim e outros discordam. Um artigo prevê que, até 2030, a IA irá substituir metade de todos os empregos, e muitas carreiras na educação poderão ser uma delas. Alguns especialistas acreditam que os professores com capacidades criativas são os mais propensos a manter o seu emprego, enquanto outros dizem que aqueles que podem ensinar literacia digital também podem ser muito procurados.

O céu é o limite para a aprendizagem em 2030. Todos os dias, cada vez mais cursos estão a tornar-se disponíveis online ou em dispositivos móveis, o que significa que as pessoas podem aprender de qualquer lugar a qualquer hora do dia para se adaptarem aos seus interesses e horários, tudo isto enquanto dominam novas competências!

10.2. Um mundo que é mais inteligente do que nós

Podemos pensar que somos as criaturas mais inteligentes da Terra, mas acontece que há muito mais na vida do que os nossos problemas do nosso mundo. Por vezes esquecemo-nos, neste mundo de tecnologia e inovação, de quão pouco conhecimento os seres humanos têm. O mundo é muito mais inteligente do que lhe damos crédito. Há tantas áreas escondidas de conhecimento que a maioria das pessoas não sabe, e as mentes mais inteligentes da Terra dedicam as suas vidas ao estudo destas matérias sem sucesso.

A pessoa comum não consegue compreender quão poderosa e inteligente é realmente a própria Terra. Só vê o que está mesmo à sua frente sem perceber que pode haver algo ainda maior a acontecer nas suas costas.

Quando pensamos como será o futuro, assustamo-nos muitas vezes. Como podemos acompanhar a tecnologia quando todas as nossas mentes são incapazes de o fazer? A forma como a sociedade progrediu num período de tempo tão curto é espantosa e preocupante ao mesmo tempo. Tornámo-nos dependentes dos avanços tecnológicos para quase tudo e sem eles a vida como a conhecemos desmoronar-se-ia à nossa volta, mas em que ponto é que esta dependência se torna prejudicial ao desenvolvimento humano? O que se segue depois dos telemóveis serem substituídos por implantes ou pílulas inteligentes que nos permitem o acesso instantâneo a partir de qualquer parte do mundo através de uma ligação neural?

Na era moderna, está a tornar-se cada vez mais comum as pessoas confiarem na tecnologia na sua vida diária. Estão a ser desenvolvidas diariamente novas tecnologias que facilitam a nossa vida ou melhoram a eficiência das tarefas que executamos regularmente.

À medida que as máquinas se tornam mais inteligentes, estão também a ficar melhores do que nós a executar certas tarefas mais rapidamente e mais baratas. E se, em vez de competir contra elas, colaborássemos com elas?

A IA está a mudar o modo de funcionamento da nossa sociedade e se a educação não se adaptar em breve, então os professores perderão o seu lugar como profissão principal para a geração de cidadãos de amanhã que vivem numa época em que os robôs alimentados pela IA podem simplesmente assumir o seu lugar. Os robôs alimentados a IA já estão a desempenhar um papel importante no sistema educativo e não é só por causa das *chatbots* ou livros de texto digitais, mas também porque temos de ensinar às crianças como esta nova tecnologia pode ser utilizada em seu benefício.

Em muitos aspetos, a IA está atualmente a perturbar a nossa sociedade, uma vez que não requer interação humana, funciona sem erros, tendo a sua própria inteligência em salas de aula o que poderia substituir completamente os professores.

O futuro da educação com IA é brilhante! À medida que a tecnologia evolui e se torna mais inteligente, é inevitável que comecemos a ver novas tecnologias de educação a surgir num futuro próximo. Para que a tecnologia IA avance no sistema educacional, temos primeiro de a ter suficientemente avançada para que ela possa pensar logicamente. Quando o sistema educacional se tornar suficientemente avançado para aprender o material por si só, isto será um incrível passo em frente para a educação e a sociedade como um todo. Poderíamos dizer que a educação será revirada!

CAPÍTULO 11:
Reflexões

Há muitos equívocos sobre o que a IA pode fazer pelos estudantes de hoje, mas há muitas provas que sugerem que já está a mudar a forma como aprendemos.

A primeira secção refletiu sobre alguns dos benefícios e inconvenientes, enquanto a segunda analisou a tecnologia emergente que pode mudar as salas de aula de uma forma positiva.

A educação centrada no aluno, com um currículo personalizado para cada aluno individual entregue por um tutor de IA é o futuro da educação de alto desempenho.

Nos próximos anos, podemos esperar ver alguns novos produtos educacionais espantosos, tanto de *startups* como de gigantes da indústria. Contudo, porque a IA é tão nova na educação, levará tempo para que esta tecnologia penetre nas salas de aula e seja adotada pelos professores.

O futuro da educação está aqui, apenas ainda não está distribuído de forma homogénea! Esperemos que a próxima geração tenha acesso a mais ferramentas de aprendizagem inovadoras a partir de uma idade mais jovem.

Um fator importante a considerar quando se pensa em mudanças na educação é que nem todos têm acesso a esta tecnologia. A próxima geração de crianças será exposta a ferramentas de aprendizagem inovadoras desde uma idade mais jovem, mas apenas se os seus pais tiverem rendimentos suficientes e tempo livre para aprenderem em casa. Por enquanto, muitas crianças não terão as mesmas oportunidades que as suas congéneres mais ricas.

Aqui estão algumas outras formas que a IA poderia modificar a educação: a IA pode ajudar os professores a utilizar dados para identificar estudantes com dificuldades de aprendizagem e otimizar os planos de aula em conformidade. Também pode ajudar os professores a gerir as suas salas de aula monitorizando o comportamento dos alunos, determinando quando devem intervir numa aula, tomando a sua presença enquanto estão a dar outra aula. A IA também poderia otimizar as palestras e aulas para cada aluno, dependendo das suas necessidades, assim como utilizar assistentes de IA como tutores virtuais que os guiarão através do material. Adicionalmente, a IA também é capaz de controlar robôs em laboratórios STEM, substituindo operadores humanos.

As assistentes como a Siri ou Alexa podem ser usadas para ensinar os alunos a fazer coisas como escrever textos e resolver problemas de matemática.

Neste momento, a IA ainda não mudou a educação. Embora haja muitas formas de o fazer no futuro, esperamos que este livro tenha permitido explorar como já está a mudar o nosso sistema educacional, abordando alguns conceitos errados sobre o que a inteligência artificial é capaz de fazer.

Precisamos de mais deste tipo de trabalho na educação! Felizmente para nós e para os alunos em todo o lado, o custo da construção de aplicações educativas alimentadas pela IA baixou nos últimos anos, tornando mais fácil do que nunca mudar a nossa educação.

Com o rápido ritmo das inovações no nosso mundo, é difícil saber o que o futuro reserva para a educação. Se tivéssemos uma bola de cristal e pudéssemos espreitar para esse estado futuro, onde acha que estariam as escolas? Por muito que possamos ver a este tipo de distância para além das circunstâncias de hoje, será sempre difícil prever como os métodos educativos mudarão com o tempo e se vão variar significativamente já a partir de agora.

O futuro da educação será cada vez mais parecido com um espaço para os estudantes colaborarem uns com os outros. Com o aumento dos jogos online com multijogadores, muitas pessoas habituaram-se a trabalhar ao lado de outras de todo o mundo em projetos que requerem trabalho de equipa e colaboração. À medida que avançamos nesta década, há menos barreiras a separar-nos, uma vez que a tecnologia criou um modo de vida inteiramente novo onde se pode encontrar com alguém do outro lado do mundo sem sair do seu sofá, ou apenas entrando nas plataformas de redes sociais.

A evolução das plataformas de redes sociais como o Instagram, Snapchat, Twitter, etc., significa que qualquer pessoa em qualquer parte do mundo partilha agora fotografias instantaneamente, que depois chegam a milhões em segundos, apresentando aos educadores uma oportunidade emocionante: que tal criar salas de aula virtuais?

O futuro da educação é incerto; só podemos esperar o melhor. Como irão os estudantes aprender? O que acontece às escolas tradicionais, será que elas existirão nesta nova ordem mundial? Com tanta coisa a acontecer ao longo dos dias e a mudar a cada segundo com os avanços tecnológicos, como é que os professores serão capazes de acompanhar quando chega a altura de criar um plano de aula eficaz para o seu corpo estudantil que seja tão variado nos interesses e estilos de aprendizagem?

Os professores têm muitas vezes dificuldade em encontrar tempo para si próprios enquanto ensinam os alunos e em manter-se no topo das novas tendências que possam ser relevantes para os temas da educação ou para a vida quotidiana.

Imagine se cada professor tivesse um assistente pessoal virtual que os ajudasse a manter-se organizados e a não ter quaisquer distrações enquanto ensinavam a sua turma? O futuro poderia parecer muito diferente do que pensávamos inicialmente!

Mais questões relevantes surgem: Serão os estudantes capazes de ter aulas quando e onde lhes for mais conveniente? Um dos aspetos mais importantes da educação que as pessoas ignoram frequentemente é a conveniência. É impossível alcançar uma educação de qualidade quando não se tem acesso à escolaridade ou educação fora do horário escolar. Por exemplo, a maioria das escolas secundárias começa às 8 horas da manhã, o que significa que muitos alunos têm de acordar às 6 horas da manhã para poderem frequentar as suas aulas. Isto pode levar a muito stress e falta de sono, sem uma boa razão. Devido ao tutorial com a IA, os estudantes poderão ter aulas quando e onde for mais conveniente para eles. Isto significa que podem agora assistir às aulas a qualquer hora do dia ou da noite e mesmo que não existam escolas próximas na sua área, terão acesso a uma educação de qualidade.

Num mundo onde a educação está disponível a qualquer hora e local, seria possível que todos tivessem acesso a recursos educativos de qualidade, independentemente de quem sejam ou do local em que se encontrem.

A IA também libertará tempo para os professores, já que a classificação pode ser feita por computadores em vez de humanos, o que significa que terão mais tempo para se concentrarem no ensino durante as aulas.

À medida que a IA continua a crescer e a se desenvolver, irá criar novas oportunidades para os estudantes a que nunca tiveram acesso antes. Há muitos benefícios na utilização de inteligência artificial no campo educacional, mas há também algumas desvantagens que precisam de ser abordadas quando se decide se é algo que vale a pena perseguir.

Como é a vida após a graduação, se não encontrarem imediatamente uma carreira ou precisarem de algum tempo livre do trabalho devido a doença ou outro evento importante como o casamento/nascimento? Como irão os estudantes aprender amanhã se já não tiverem acesso a uma sala de aula ou a manuais escolares? Para responder a estas pergunta, precisamos de nos perguntar qual é o objetivo da educação e como é que ela vai continuar nesta sociedade de ritmo acelerado.

Penso que é da responsabilidade da sociedade promover um ambiente propício para educar as crianças para a vida adulta. Vivemos num mundo de ritmo acelerado onde os novos avanços tecnológicos continuam a um ritmo exponencial. A velocidade com que estamos a avançar significa que a perturbação está constantemente a acontecer em todos os aspetos das nossas vidas; a educação não sendo exceção. A tecnologia já perturbou a forma como os estudantes adquirem conhecimentos, fluem através da nossa conduta educacional, e interagem com professores e colegas de turma nas redes sociais, entre outras plataformas. A combinação da tecnologia com o profundo desempenho dos estudantes tem como objetivo prepará-los com as competências de que necessitam para serem bem-sucedidos num mundo cada vez mais digital.

Um dos desafios que a IA coloca à educação é garantir que as pessoas possam acompanhar as tecnologias em rápida mutação, ao mesmo tempo que são capazes de compreender como isso está a ter impacto nas suas vidas, bem como nas das pessoas à sua volta. Isto exigirá que repensemos as nossas formas tradicionais de ensino, obtendo mais criatividade sobre o que ensinamos aos estudantes e indo além da simples construção de currículos baseados unicamente em novas tendências tecnológicas ou projetos que tem visto alguns sucessos, mas também passos errados ao longo do seu caminho até agora.

O mundo que conhecemos hoje mudou drasticamente ao longo dos anos, nunca houve um momento mais incerto na história do que esta era, devido a todas estas mudanças que acontecem em simultâneo e a uma velocidade vertiginosa.

CAPÍTULO 12:
Soluções para a educação com IA

A Inteligência Artificial está a ser utilizada na sala de aula e tem permitido uma abordagem mais prática quando se lida com alunos a nível individual. Existem muitas soluções diferentes para a educação de hoje em dia. Os computadores e a IA estão a tornar-se mais prevalecentes no processo de aprendizagem, o que tem permitido a perceção de dados personalizados que os educadores podem utilizar para personalizar os seus métodos de ensino. Por exemplo, os professores são capazes de analisar como os estudantes aprendem melhor com planos de aprendizagem personalizados utilizando redes neurais. Esta nova tecnologia permitiu uma abordagem mais prática ao lidar com alunos individualmente, o que lhes permitiu atingir todo o seu potencial numa variedade de disciplinas e aumentar o envolvimento dos alunos, dando-lhes a capacidade de se encarregarem de alguns aspetos do que estão a aprender.

A educação é o processo de fornecer conhecimentos e competências às crianças. Trata-se também de moldar a sua personalidade, atitudes e valores.

As pessoas já estão a utilizar a IA na educação, mas esta ainda não é generalizada e pode ainda haver algum tempo para que a tecnologia amadureça de modo a adaptar-se às necessidades do sistema educativo.

Num mundo onde a tecnologia está a mudar a um ritmo alucinante, é mais importante do que nunca que os pais e educadores se mantenham no topo das últimas tendências educacionais.

Uma das soluções é que tem que haver um equilíbrio entre as formas tradicionais e as novas formas de aprendizagem para que os estudantes tenham uma compreensão geral da educação que os ajude ao longo da sua vida. Os estudantes precisam de ser ensinados tanto a forma tradicional de aprendizagem, que inclui a compreensão da leitura e da matemática, como também novas formas, tais como a codificação. O problema com esta abordagem é que a maioria dos estudantes já estão a ser empurrados para um ambiente de ritmo acelerado, onde não conseguem recuperar o seu atraso. Portanto, o que realmente procuramos é um equilíbrio entre estas duas abordagens. Um exemplo deste equilíbrio seria oferecer aos estudantes um número mínimo de horas por dia onde possam ter a oportunidade de aprender da forma que melhor lhes convier, quer se trate de métodos tradicionais ou mais recentes, como a codificação.

As crianças de uma turma de codificação conseguiram aprender mais matemática do que as suas contrapartes que não frequentaram o curso. Esta é uma abordagem promissora que as escolas devem explorar mais para que os alunos possam ter a oportunidade de compreender tanto os métodos tradicionais como as novas formas de aprendizagem.

Outra forma de melhorar a educação é fazer com que os estudantes se apropriem mais do que aprendem. Eles não devem apenas memorizar as coisas, mas sim trabalhar em projetos que lhes ensinem também competências. Por exemplo, um projeto pode envolver a realização de um vídeo em *stop-motion* para mostrar como algo funciona (como a utilização de uma chave de fendas) ou a elaboração de um plano para algo que eles queiram fazer (como uma viagem).

Outra forma de melhorar a educação é tendo professores e alunos a trabalhar em conjunto. Por exemplo, quando um professor precisa de ajuda com o seu plano de aula ou com o conteúdo que está a ensinar, pode solicitá-la ao aluno que acabou de fazer essa disciplina como tarefa. Isto irá prepará-los para ambientes de equipa onde poderão ter um grupo mais diversificado de pessoas a trabalhar em conjunto, algumas que são boas em matemática, mas não tão comunicativas, ou vice-versa. Os estudantes assim têm a oportunidade de comunicar as suas ideias uns com os outros.

A melhor maneira de realmente compreender algo é lutando pelo interior de si próprio. É por isso que é uma pena quando os estudantes são desencorajados a pensar por si mesmos demasiado cedo.

Muitos professores de escolas também sofrem por não terem tempo suficiente para dedicar a sua energia à aula, porque têm tantas aulas e disciplinas diferentes para ensinar, o que os leva a desvincularem-se totalmente do ensino. Os grandes professores sempre foram aqueles que inspiram os seus alunos a pensar de forma crítica e criativa, e não apenas a seguir cegamente os passos dos outros.

Já se começa a ver alunos a adquirir mais experiência utilizando ferramentas físicas, como a construção de uma casa a partir de blocos LEGO para lhes ensinar competências de conceção e engenharia.

Quando atribuímos ensaios e relatórios de livros aos estudantes, estamos a ensinar-lhes como fazer investigação. Para que o trabalho de um estudante seja bem-sucedido, eles têm de saber o que significa quando as fontes dizem coisas contraditórias ou são tendenciosas nas suas conclusões. Dar-lhes a oportunidade de confrontar este tipo de informação contraditória irá ajudá-los a prepararem-se para a vida adulta.

As escolas precisam de se certificar de que têm o equipamento certo para os seus alunos, para que possam aprender de uma forma que funcione melhor para eles. Isto inclui certificar-se de que existem computadores portáteis e *iPads* suficientes para os alunos utilizarem. Melhor equipamento de aprendizagem não significa caro. Há muitas empresas que têm pacotes educativos para escolas e assim como há a possibilidade de se verificar primeiro estes pacotes fazendo um teste gratuito antes de os adquirir.

O financiamento tem de advir de diferentes fontes, incluindo doadores privados e empresas, bem como fundos. O objetivo é obter um melhor retorno do investimento por cada cêntimo que é gasto.

As escolas precisam de ser capazes de mudar rapidamente com os tempos, para que possam acompanhar as novas tecnologias e tendências, bem como dar aos estudantes mais opções no que querem fazer depois de terminar os seus anos formativos.

As escolas proporcionarão uma variedade de cursos, tais como formação profissional, educação artística, e cursos STEM. As escolas oferecerão parcerias universitárias para que os estudantes possam formar-se com um diploma que é aplicável no mundo de hoje, e não apenas o que os vai fazer ser contratado por uma empresa específica.

Os estudantes devem ter acesso a coisas como campos de codificação ou estágios, bem como poder ter aulas de escrita criativa, se o desejarem. As escolas devem oferecer diferentes formas de aprendizagem, tais como programas de aprendizagem mista.

Os pais precisam de compreender como o seu filho aprende melhor para que o possam apoiar na sala de aula, incluindo a ajuda em tarefas ou a procura de material de leitura. Por seu lado, as escolas devem fornecer mentores para os alunos que os possam ajudar a construir competências sociais e a compreender como navegar no local de trabalho.

Os professores precisam de formação sobre como ensinar diversas populações, incluindo as pessoas com deficiências ou outras diferenças de aprendizagem. É importante que tenham uma compreensão profunda daquilo com que as crianças lidam na sua vida quotidiana.

É preciso que haja mais serviços de saúde mental disponíveis para os estudantes, incluindo terapia e medicação, se necessário. As escolas devem também oferecer aulas de yoga ou meditação como parte do currículo para ajudar as crianças a lidar com o stress nas suas vidas, mas penso que, como educadora, os professores também precisam dessas aulas.

CAPÍTULO 13:
Conclusão

Durante quase um século, a tecnologia tem vindo a transformar a forma como vivemos as nossas vidas. O mundo está a evoluir a um ritmo exponencial à medida que mais e mais avanços tecnológicos são feitos a cada dia. A IA pode ser usada para transformar a educação, fornecendo aprendizagem personalizada para cada aluno através de cursos adaptativos alimentados por IA que tornam as lições relevantes com base naquilo em que cada aluno precisa de mais ajuda para ter sucesso, não importa se estão com dificuldades ou se se destacam academicamente.

O mundo está a mudar, e está na altura de mudar a forma como aprendemos. A IA já demonstrou a sua utilidade nas escolas, automatizando tarefas fastidiosas tais como classificações ou compilações de planos de aula que de outra forma levariam horas de trabalho manual por dia a cada professor. Com estes benefícios reconhecidos, imaginemos agora o que poderia ser possível atingir se as salas de aula começassem a utilizar a tecnologia para ensinar os seus alunos? Imagine todas as aulas acessíveis através de uma biblioteca online com vídeos narrados por professores de renome da Universidade de Harvard para que possam ouvir palestras sobre qualquer assunto sem nunca terem de visitar o estabelecimento de ensino. O futuro parece brilhante quando se considera como este avanço tecnológico revolucionará a educação a nível global, ao mesmo tempo que assegura que material de aprendizagem de alta qualidade esteja disponível 24 horas por dia, 7 dias por semana, independentemente da sua localização na Terra!

Os especialistas preveem que no futuro, a IA será cada vez mais utilizada para ajudar as pessoas com a sua educação. De facto, já foi demonstrado que é capaz de melhorar o ensino online, fornecendo comentários personalizado sobre as tarefas para os estudantes que possam ter dificuldades com certas disciplinas ou que tenham uma deficiência de aprendizagem.

As previsões dos especialistas mostram como a IA é suscetível de se tornar cada vez mais importante ao educar as crianças a partir de agora. Uma forma potencialmente criativa de isto acontecer é se fosse criado um sistema educativo que pudesse fornecer planos de aula individualizados com base nas necessidades de cada aluno, cobrindo simultaneamente todo o material necessário relevante a diferentes níveis, de acordo com o nível de notas ou mesmo com os grupos etários, devido às diferentes taxas de desenvolvimento entre crianças dentro de vários contextos socioeconómicos. Também seria possível à IA ajudar em tarefas administrativas, tais como a gestão de recursos e o agendamento de eventos.

A IA tem o potencial de transformar a educação, tornando-a mais personalizada e acessível do que nunca, o que poderia ajudar a fornecer um caminho equitativo para estudantes de todas as origens e capacidades. Agora é um momento crucial na história em que podemos escolher entre o aumento da desigualdade ou a inovação que nos leva à igualdade de oportunidades, ao crescimento inclusivo, e à justiça económica como sociedade. Pode ser utilizada de várias maneiras, incluindo a automatização da classificação e a personalização de planos de aula para estudantes com base nas suas necessidades. À medida que a tecnologia se torna cada vez mais sofisticada, a IA apresentará novas oportunidades anteriormente inimagináveis que podem permitir aos educadores tirar partido dos interesses e talentos únicos de cada aluno. O uso da IA na educação faz com que muitos estudantes aprendam ao longo da vida tornando-a uma experiência muito mais rica que vai para além da mera memorização e repetição.

Os dias da exclusividade de um professor humano de uma aula acabaram. No futuro, a IA será usada como uma alternativa aos professores que não podem passar tempo a classificar os exames e a fazer outros trabalhos administrativos porque precisam de se concentrar no ensino dos alunos.

O futuro da educação é a digitalização, desde as avaliações até à classificação e até a comunicação dos estudantes, será feito através de um computador ou de uma aplicação telefónica. Já lá vão os dias em que temos de esperar por uma chave de resposta, passar horas a corrigir erros no papel antes de os classificarmos à mão, ou comprar livros caros.

Esta nova tecnologia deu-nos a oportunidade de criar alunos digitais que irão ajudar o futuro da educação, mas também pode dificultar a criatividade dos alunos e a capacidade de resolver problemas num ambiente de grupo, porque estão a ser ensinados como indivíduos através de conhecimentos de dados digitais. Ainda é necessário muito trabalho antes que a IA possa substituir totalmente os professores, mas isso já perturbou muitos aspetos das nossas vidas, incluindo a forma como realizamos o nosso trabalho quotidiano. Há muitas implicações a longo prazo que não estamos preparados para lidar com a IA, tais como a substituição total dos professores. Cabe-nos a nós decidir se esta nova tecnologia deve ou não ser abraçada.

Creio que é de extrema importância que os educadores compreendam o poder disruptivo da IA. Nos últimos anos, muitos trabalhos relacionados com software têm sido substituídos por avanços na IA. Para as escolas, isto significa uma maior pressão sobre os professores para trabalharem de forma mais eficiente e por mais horas. As escolas devem certificar-se de que têm um sistema funcional antes de introduzirem a IA nas suas salas de aula. É importante que haja sempre alguém que possa ajudar os estudantes a navegar através de um mundo movido pela IA.

A educação é um mundo que é mais inteligente do que nós e espero que, ao longo do tempo, consigamos desbravar este mundo fascinante e com tanto potencial, mas numa perspetiva positiva e enriquecedora para todos os envolvidos!

SOBRE A AUTORA

Ingrid Seabra sempre adorou ensinar. Começou a sua carreira profissional como analista de risco de crédito no Barclays Bank em Londres. Depois disso, trabalhou como estaticista para o Banco Central Europeu (BCE) na Alemanha. Tornou-se bioestatística sénior quando se mudou para a indústria farmacêutica. Atualmente, Ingrid é educadora internacional, investigadora em educação e tecnologia, e consultora em estatística e matemática. É autora do livro "Conversas com a Inteligência Artificial" e "Let's Ask AI".